O EXISTENCIALISMO
À LUZ DA FILOSOFIA CRISTÃ

MÁRIO CURTIS GIORDANI
*Titular de Direito Romano da Faculdade de Direito
da Universidade Candido Mendes (UCAM)*

O EXISTENCIALISMO À LUZ DA FILOSOFIA CRISTÃ

DIRETOR EDITORIAL:
Marcelo C. Araújo

EDITORES:
Avelino Grassi
Márcio F. dos Anjos

COORDENAÇÃO EDITORIAL:
Ana Lúcia de Castro Leite

REVISÃO:
Bruna Marzullo

DIAGRAMAÇÃO:
Juliano de Sousa Cervelin

CAPA:
Alfredo Castillo

* Revisão do texto conforme o Novo Acordo Ortográfico da Língua Portuguesa, em vigor a partir de 1º de janeiro de 2009.

© Idéias & Letras, 2009

IDÉIAS & LETRAS
Editora Idéias & Letras
Rua Pe. Claro Monteiro, 342 – Centro
12570-000 Aparecida-SP
Tel. (12) 3104-2000 – Fax (12) 3104-2036
Televendas: 0800 16 00 04
vendas@ideiaseletras.com.br
http//www.ideiaseletras.com.br

Dados Internacionais de Catalogação na Publicação (CIP)
(Câmara Brasileira do Livro, SP, Brasil)

Giordani, Mário Curtis
O Existencialismo à luz da Filosofia Cristã / Mário Curtis Giordani.
– Aparecida, SP: Idéias & Letras, 2009.

ISBN 978-85-7698-043-8

1. Existencialismo 2. Existencialismo – História I. Título.

09-06305   CDD-142.78

Índices para catálogo sistemático:

1. Existencialismo: Filosofia 142.78

Modesta homenagem à antiga Faculdade Fluminense de Filosofia (Niterói) na pessoa de seu fundador e primeiro diretor, Prof. Dr. Durval Batista Pereira.

À memória do inesquecível amigo, colega e eminente filósofo Prof. Dr. Ismael de Lima Coutinho.

SUMÁRIO

Apresentação – 9

1. Breve introdução ao Existencialismo – 11

2. Kierkegaard, pensador religioso – 39

3. Jaspers, o filósofo da Transcendência Indefinível – 67

4. Heidegger, o filósofo em busca do sentido do Ser – 97

5. Sartre, o filósofo do Ser e do Nada – 137

6. Gabriel Marcel, o filósofo do Problema e do Mistério – 175

7. Conclusões sobre o Existencialismo – 207

APRESENTAÇÃO

O movimento filosófico e literário denominado Existencialismo surgiu no século XIX e foi muito fortemente difundido no decorrer do século XX. Recebeu, em princípio, duras críticas por parte do pensamento religioso ao considerar que a Filosofia Existencial dá forte destaque à liberdade individual e defende a responsabilidade e a subjetividade do ser humano.

Conhecer e entender o que vem a ser o Existencialismo é ainda assunto da ordem do dia nos tempos atuais, em pleno século XXI, em várias disciplinas e cursos, seja no ensino médio ou em diversos cursos universitários, especialmente nas faculdades de filosofia.

Ao difundir o pensamento de que "cada homem é um ser único e que o homem é mestre de seus atos e do seu destino", o Existencialismo trouxe à tona uma forte contestação, especialmente do Catolicismo.

O professor Mário Curtis Giordani apresenta, nesta obra, uma visão de conjunto dessa corrente da filosofia contemporânea, bem como aponta a orientação do pensamento dos principais expoentes do Existencialismo, como Sören Kierkegaard, Karl Jaspers, Martin Heidegger, Jean-Paul Sartre e Gabriel Marcel.

Giordani chama a atenção, desde o início, para as dificuldades encontradas nesta tentativa, dificuldades essas sublinhadas e comentadas no primeiro capítulo da presente obra.

Seja esta leitura uma boa oportunidade para despertar no leitor o interesse pelo pensamento existencialista. Esse interesse poderá ser plenamente satisfeito mediante a consulta dos abalizados autores que o professor Giordani teve o cuidado de citar abundantemente.

O editor

1

BREVE INTRODUÇÃO AO EXISTENCIALISMO

PRELIMINARES

O intelectual em geral e de modo especial os teólogos e filósofos não podem estar alheios aos rumos das novas correntes ideológicas, principalmente daquelas "quae catholicae doctrinae fundamenta subruere minantur", isto é, "que ameaçam arruinar os fundamentos da doutrina católica". Pio XII, através da memorável Encíclica *Humani Generis,* chama a atenção para esse ponto:

> Não é lícito aos teólogos e filósofos católicos, a quem incumbe o grave dever de salvaguardar a verdade divina e humana e de implantá-la no coração dos homens, ignorar ou negligenciar essas doutrinas que se afastam mais ou menos do caminho reto. Mais ainda: devem ter das mesmas um conhecimento aprofundado, em primeiro lugar, porque não se tratam devidamente as doenças se não forem bem conhecidas, e, em segundo lugar, porque, às vezes, até nas teorias falsas encontra-se escondido um resquício de verdade; finalmente, porque tais teorias obrigam o espírito a perscrutar e pesar com mais cuidado certas verdades filosóficas e teológicas.

Entre as correntes filosóficas atuais que, por seu conteúdo doutrinário, mais discrepam dos fundamentos tradicionais da Doutrina Cristã, figura principalmente o Existencialismo. A supracitada Encíclica menciona-o, diversas vezes, quer direta, quer indiretamente, advertindo, assim, os intelectuais católicos sobre os princípios defendidos pela Filosofia da Existência e suas consequências funestas para a Fé Cristã. Voltaremos a esse problema, com mais minúcias, no final de nosso estudo. O que, entretanto, já foi dito justifica, desde já, essa modesta iniciação ao Existencialismo.

Nesta breve introdução procuraremos, em primeiro lugar, dar um rápido apanhado histórico da origem e do desenvolvimento do Existencialismo, mencionando as principais influências que se fizeram sentir na elaboração dessa filosofia e igualmente as divergências doutrinárias que separam os mais importantes filósofos da existência. A seguir, apontaremos as dificuldades, às vezes quase insuperáveis, que surgem diante de quem pretende traçar, em linhas gerais, uma noção de conjunto do Existencialismo ou apenas apreender isoladamente as ideias fundamentais de cada um dos principais filósofos existencialistas. Em terceiro lugar, tentaremos dar uma síntese dos princípios que, por assim dizer, constituem a essência do Existencialismo e que, portanto, podem ser considerados comuns às diversas doutrinas existencialistas. Finalmente, alinharemos algumas conclusões sobre a Filosofia Existencialista, acentuando, de modo especial, o ponto de vista católico.

1. Origem e Desenvolvimento do Existencialismo

Se considerarmos o Existencialismo desde sua origem até o presente, levando em conta a posição de seus principais pensadores em relação ao Cristianismo, verificaremos que a Filosofia da Existência descreve uma trajetória parabólica. Em Kierkegaard encontramos um Existencialismo "Cristão"; em Jaspers observamos um Existencialismo imbuído de espírito religioso que já se hesita em chamar "cristão" (Jaspers se diz cristão, acentuando que todo seu pensamento é alimentado pelas fontes mesmas do Cristianismo, embora considere Cristo, "para aquele que faz filosofia", um símbolo sem direitos suplementares..."[1]). Com Heidegger, chegamos a uma doutrina sem Deus, na qual, entretanto, alguns intérpretes benévolos pretendem encontrar um vestígio da Divindade. (Heidegger nega, expressamente, ser ateu.) Sartre não faz segredo de seu ateísmo. Em Gabriel Marcel voltamos a encontrar um Existencialismo "Cristão".

Deixamos de lado aqueles que pretendem traçar uma longa história do Existencialismo através dos séculos simplesmente porque certos pensadores ocuparam-se também de problemas concernentes ao ser humano, problemas esses que recebem, hoje, o qualificativo de "existenciais". Como

---
[1] Foulquié, p. 114.

muito bem assinala Bochenski, "se a este título quiséssemos qualificar S. Agostinho ou Pascal de existencialistas, tratar-se-ia de um equívoco".[2] Na realidade, ao buscarmos as origens do Existencialismo, não necessitamos de ultrapassar o século XIX, pois vamos encontrá-las nas ideias do dinamarquês Sören Kierkegaard (1813-1855) que, "apesar de sua distância no tempo, é considerado, em geral, um existencialista influente".[3] Com efeito, encontramos na doutrina de Kierkegaard os problemas aos quais voltarão sempre os futuros existencialistas: subjetivismo, o novo sentido da existência, a angústia, o tédio, a morte, a melancolia, a liberdade etc. Procurando descobrir e "ver o *reale individuum,* o sujeito concreto em sua singularidade, com sua existência contraditória, com sua indigência, com sua seriedade, com sua paixão",[4] Kierkegaard se revolta e polemiza contra o Idealismo do tipo hegeliano, segundo o qual a existência é, em certo sentido, um objeto como os demais. "Este pensador idealista, ou racionalista, transforma-se, pois, em objeto para si mesmo, quer dizer, cessa de existir! Para ele, tratar da existência é exatissimamente aboli-la, negá-la."[5]

Assim é que "historicamente se pode admitir que o Existencialismo se explica como uma reação anti-hegeliana".[6] Essa reação, note-se, é principalmente contra o *Hegel idealista.*

---

[2] BOCHENSKI, p. 170.
[3] Idem, p. 171.
[4] LENZ, p. 38-39.
[5] SOLIVET, p. 44.
[6] Idem, ibidem, p. 29.

No Existencialismo Moderno, entretanto, não encontramos somente as ideias de Kierkegaard. Na realidade, quanto às influências recebidas, o Existencialismo Contemporâneo mostra-se bastante heterogêneo. Assim, por exemplo, em Heidegger, Marcel e Sartre notamos claramente a influência do método fenomenológico de Husserl, embora "não participem da tese de Husserl, nem sequer de sua posição fundamental".[7] Também a chamada Filosofia da Vida influiu poderosamente no Existencialismo: "Bergson, Nietzsche e Dilthey, sobretudo representam outras tantas influências decisivas para os existencialistas".[8]

Queremos, agora, chamar a atenção para os acontecimentos da História Contemporânea que, por suas consequências profundamente relacionadas com os problemas versados pelos pensadores existencialistas, devem ter influído na difusão da Filosofia da Existência: a derrota da Alemanha em 1918, a derrota da França em 1940 e, finalmente, a derrota alemã em 1945. Heidegger elaborou sua filosofia nos anos que se seguiram ao término da Primeira Guerra Mundial, e a Filosofia Existencial alemã atingiu seu apogeu por volta de 1930. L'Être et le Néant de Sartre foi publicado em 1943 e é bem significativo que o Existencialismo Francês tenha tido influência no ressurgimento da corrente filosófica existencial na Alemanha.

---

[7] BOCHENSKI, p. 173.
[8] Idem, ibidem.

Bochenski[9] assinala as seguintes datas importantes na História do Existencialismo: em 1855 morre Kierkegaard; em 1919 Karl Jaspers publica sua *Psychologie der Weltanschauungen* (Psicologia das Concepções do Mundo); em 1927 Gabriel Marcel publica seu *Journal Métaphysique* (Diário Metafísico), e Heidegger, sua obra *Sein und Zeit* (O Ser e o Tempo); em 1932 surge a *Philosophie* de Jaspers, e em 1943 aparece *L'Étre et le Néant* (O Ser e o Nada) de Jean-Paul Sartre.

2. Dificuldades de um Estudo de Conjunto

Passemos, agora, a examinar algumas das dificuldades que oferece um estudo de conjunto dessa Filosofia.

A Designação – A primeira dificuldade para um trabalho dessa espécie, encontramos na denominação da corrente filosófica em tela. Vejamos, a propósito, alguns exemplos. Bochenski chama a atenção para a distinção entre *Filosofia da Existência e Doutrinas existencialistas:* "Finalmente tampouco se deve confundir a Filosofia da Existência com alguma das doutrinas existencialistas, por exemplo, a de Sartre, já que, como veremos a seguir, subsistem diferenças essenciais entre as diversas direções".[10] Wahl[11] observa:

---

[9] Idem, p. 172.
[10] Idem, p. 171.
[11] WAHL, p. 6.

Preferimos as palavras *Filosofia da Existência* à palavra *Existencialismo* pela seguinte razão: alguns dos filósofos mais importantes sobre os quais queremos falar, Heidegger e Jaspers em particular, não quereriam ser qualificados de existencialistas.

Para Lenz, "Existencialismo, Filosofia da Existência e Filosofia Existencial vêm a significar essencialmente uma mesma coisa, a saber, uma direção moderna, para não dizer da moda, da atual filosofia alemã e francesa".[12] Lemos em Ferrater Mora: "Existencialismo é um termo do qual se tem feito tal abuso que, como o reconhecem alguns de seus representantes, apenas significa nada".[13]

Parece que as dificuldades terminológicas e metodológicas contribuíram para estimular os numerosos críticos da Filosofia da Existência no sentido de procurar um qualificativo idôneo que permitisse identificar as suas atitudes características. Contudo, "Materialismo epifenomenista", "Subjetivismo", "Personalismo Existencial", "Filosofia do Concreto", "Atualismo absoluto", "Anti-intelectualismo", "Vitalismo filosófico", "Neorromantismo" e outros mais não conseguem abranger a totalidade dos diferentes aspectos da "Filosofia da Existência" e não passam de interpretações parciais, embora acertadas. O mesmo vale dizer de certas tentativas de subdivisão que distinguem entre um "Existencialismo ateu" e um "Existencialismo cristão", com inclusão da variante de um "Existencialismo espiritualista".[14]

---

[12] LENZ, p. 12.
[13] FERRATER MORA, p. 477.
[14] LIPPMANN, p. 436.

O Subjetivismo – Outra dificuldade bem maior para uma exposição de conjunto do Existencialismo reside na acentuada discrepância entre as ideias dos diferentes pensadores existencialistas. A razão dessas discrepâncias, às vezes extremas, encontramos no fato de que, para o existencialista, "mais que em nenhum outro filósofo, a doutrina é expressão de sua existência".[15] Não é, pois, de estranhar-se que os existencialistas, "ao viverem e interpretarem sua existência de uma maneira meramente subjetiva, apesar de muitos traços comuns, tenham chegado a *dar forma distinta em cada caso à Filosofia Existencial*, justamente em razão de seu distinto grau de subjetivismo, de suas diversas idiossincrasias e de suas diferentes posições, impressões e expressões individuais".[16]

Wahl,[17] acentuando essa dificuldade, comenta:

> A Filosofia da Existência começou na meditação essencialmente religiosa de Kierkegaard. E hoje, quando se fala em Filosofia da Existência, pensa-se muitas vezes em Sartre, que é um filósofo não religioso e, às vezes, até antirreligioso. Uma brochura de Sartre se chama *O Existencialismo é um Humanismo;* mas há, de outro lado, uma carta de Heidegger, a *Carta a Beauffret*, em que Heidegger toma posição

---

[15] LENZ, p. 37.
[16] Idem, Ibidem.
[17] WAHL, p. 7-8.

contra a ideia de Humanismo. E, certamente, Kierkegaard não era um humanista.

Com relação ao problema de Deus, encontramos profundas divergências entre os pensadores existencialistas:

Assim, por exemplo, tanto Marcel como Kierkegaard são resolutamente teístas, enquanto que Jaspers admite uma transcendência, da qual não se pode dizer se deve ser entendida como teísmo, panteísmo ou ateísmo, três coisas que são repudiadas igualmente por Jaspers. A filosofia de Heidegger parece ateia e, contudo, segundo a declaração expressa do filósofo, que não passa daí, não o seria. Por último, Sartre trata de desenvolver um ateísmo franco e consequente.[18]

Helmuth Kuhn, em seu livro *Encounter with Nothingness*, observa "que os filósofos da Existência não se atêm à Filosofia da Existência. Essas Filosofias da Existência tendem a terminar em qualquer coisa de diferente delas mesmas, quer seja a Ontologia de Heidegger, o Humanismo de Sartre, a Teoria da Transcendência de Taspers. Cada um deles, diz-nos Kuhn, sai, de um modo ou de outro, da Filosofia da Existência propriamente dita".[19]

Diante de tudo isto, talvez compreendamos a observação de Bozzetti: "Hoje, por exemplo, está na moda o Existencialismo. É difícil dizer o que isto é, se uma verdadeira

---

[18] BOCHENSKI, p. 175-176.
[19] WAHL, p. 156-151.

teoria filosófica ou, antes, um estado de ânimo, uma crise psicológica".[20]

A Linguagem – Uma terceira dificuldade para um estudo de conjunto sobre o Existencialismo e também para o estudo de cada um de seus adeptos é a linguagem pelos mesmos adotada. Vejamos dois exemplos que nos esclarecem sobre o assunto. Com relação a *O Ser e o Nada*, é bem significativa a observação de Foulquié: "Estamos persuadidos: seriam suficientes os dedos da mão para contar os que tiveram a paciência de ler linha por linha *O Ser e o Nada,* e muito menos para contar os que podem, com toda lealdade, afirmar que o entenderam sempre".[21] E, mais adiante, continua o mesmo autor: "Esta obra se dirige aos especialistas que, eles próprios, confessam não estarem seguros de havê-la compreendido bem".[22]

Outro exemplo:

> Há poucos pensadores que sejam tão difíceis de entender como Heidegger. Não podemos atribuir esta dificuldade a uma linguagem pouco rigorosa ou a uma deficiência na construção lógica, pois que Heidegger mostra sempre um extremado rigor sistemático. Deve-se, antes, à presença de uma terminologia estranha que ele mesmo criou para poder dar

---

[20] BOZZETTI, p. 133.
[21] FOULQUIÉ, p. 34.
[22] Idem, ibidem, p. 56.

expressão às suas concepções. Esta é uma das fontes principais das frequentes interpretações falsas...[23]

Definição de Existencialismo? – Depois de tudo o que acabamos de escrever, poderíamos arriscar-nos a uma definição do que seja Existencialismo? O leitor já terá facilmente compreendido a temeridade e quase impossibilidade de realizar tal pretensão, pois, como observa Foulquié, "há com efeito quase tantos Existencialismos quantos filósofos existencialistas".[24] Cabe, aqui, lembrar a opinião de Aloys Wenzl em seu trabalho *Problem der Existentialphilosophie,* segundo a qual o Existencialismo não constitui uma doutrina filosófica de conteúdo comum, mas as diversas correntes filosóficas existencialistas possuem apenas de comum o ponto de partida, o problema e a maneira de enfrentá-lo: "Não existe o Existencialismo como doutrina comum; existe só como situação filosófica temporal".[25]

Feitas essas observações, vamos transcrever a definição de Jolivet:

> Conjunto de doutrinas segundo as quais a Filosofia tem por objeto a análise e a descrição da existência concreta, considerada como o ato de uma liberdade que se constitui ao se afirmar e que não tem

---
[23] BOCHENSKI, p. 177.
[24] FOULQUIÉ, p. 34.
[25] LENZ, p. 11.

nem outra origem nem outro fundamento além dessa afirmação de si mesma.[26]

3. A Essência do Existencialismo

Exposto o sumário histórico do Existencialismo e ventiladas as dificuldades de uma exposição de conjunto, vamos passar a uma sucinta dissertação sobre alguns pontos que julgamos, de certo modo, comuns aos mais conhecidos doutrinadores da corrente filosófica em foco. Tais pontos, ora abordados, constituiriam, talvez, a *essência do Existencialismo* ou, ao menos, alguns dos temas principais versados pelos pensadores da Existência.

1. *Método Irracional* – Os existencialistas dão a primazia aos estados da alma sobre o conhecimento teórico, objetivo e lógico. Heidegger pretende expressamente acabar com o poder da inteligência no terreno dos problemas relativos ao *ser* e ao *nada* e com o domínio da Lógica dentro da Filosofia.

Jaspers afirma que a Existência é inacessível a quem procura estudá-la por meio da inteligência exclusivamente objetiva.

A partir de Kierkegaard pesa sobre todos os existencialistas uma herança de hostilidade à razão, e sobre todos eles paira a sombra do ceticismo. Diante

---

[26] JOLIVET, p. 28.

das contradições e do paradoxo do mundo e da vida o pensamento – dizem – sente-se impotente e condenado fatalmente ao fracasso.[27]

2. *Subjetivisino* – Já acentuamos que o *subjetivismo* é uma das dificuldades do estudo do Existencialismo. O filósofo existencialista se preocupa antes de mais nada *com o sujeito concreto e existente,* o *eu,* o *mundo da consciência e da reflexão subjetiva,* a *reação do sujeito* ao contato com os objetos externos.

Este traço fundamental do Existencialismo está, sem dúvida, relacionado com o tipo psíquico dos seus pensadores: temperamentais, autocontemplativos, profundamente sensíveis aos impactos das catástrofes. Já chamamos a atenção para o fato de que duas fases de desenvolvimento do Existencialismo correspondem, mais ou menos, a duas épocas subsequentes a derrotas nacionais.

O subjetivismo explica o *forte sabor de experiência pessoal* que se encontra na leitura das obras dos filósofos da Existência.

3. *O Problema da Existência* – O objeto principal das elucubrações existencialistas é a *Existência,* isto é, *o modo de ser peculiarmente humano.* Note-se, de passagem, que não é fácil dar uma definição exata do que os existencialistas entendem por Existência.

Ao filósofo existencialista repugna toda investigação em torno da essência e da razão última das coisas, "e *unicamente*

---
[27] LENZ, p. 16.

aceita como conteúdo e objeto de seu filosofar o problema da *Existência*, à qual aplica seus métodos mais subjetivos e intuitivos de uma maneira exclusiva ou, ao menos, unilateral".[28]

4. *Unicamente a Existência Humana* – Um traço fundamental da Filosofia Existencialista é que a mesma só admite como *Existência* a *Existência Humana*. O único ser que possui existência é o homem, mas de um modo especialíssimo: é *sua própria existência!* Os existencialistas professam uma indissolúvel unidade da existência com o existente. Observe-se que ao ser humano raramente dão a designação de *homem*. Preferem chamá-lo, conforme o caso: *existência, eu,* o *ser-para-si etc.* Em Heidegger, por exemplo, encontramos, entre outras, as seguintes expressões: *Das Dasein:* o ser aí, o ser singular, concreto; *Die Existenz:* a existência etc.

Fora do homem não há, pois, *Existência.* De acordo com a concepção dos existencialistas, as coisas externas ao homem, tais como os animais, as plantas etc. simplesmente não *existem.* É verdade que nós atribuímos existência às coisas, mas, na realidade, elas não existem sem nós. No vocabulário existencialista, *existir* não é sinônimo de *ser.*

O ser do homem é um poder ser. O filósofo Schelling já havia observado que em algumas línguas, como o árabe, o verbo "ser" não é um verbo substantivo, mas um verbo transitivo que admite um complemento no acusativo; ou seja, que a ação do verbo passa a outra coisa, sem o que essa ação não seria tal ação, nem o ver-

---

[28] Idem, p. 19.

bo tal verbo. Assim se explica que se tenha podido dizer, para caracterizar o Existencialismo, que o mesmo é uma filosofia em que o verbo ser é transitivo. Todo o Existencialismo é, efetivamente, um esforço para mostrar isso: a transitividade do ser, o ser como ser possível.[29]

Existir é ser um ser possível. "As pedras *são*, mas elas não existem fora do ato mental, único que pode fazê-las existir. A Existência, com efeito, não é um estado, mas um ato, a passagem mesmo da possibilidade à realidade; como indica a etimologia da palavra, existir é partir daquilo que se é (ex) para se estabelecer (sistere) no nível daquilo que não era, antes, mais que possível."[30] O ser de coisas como pedras, plantas etc., "segundo a concepção subjetiva do Existencialismo, consiste unicamente em 'ser-em-si' (être-en-soi, na terminologia sartriana), em 'ser-ante-os-olhos' (Vorhandensein, na terminologia heideggeriana) e 'ser-à-mão' (Zuhandensein) como um instrumento ou utensílio para o homem".[31]

5. *Existência e Essência* – O homem é só *Existência*: não é substância, não é essência. A filosofia existencialista, já o acentuamos, opõe-se formalmente a toda filosofia essencialista. Em oposição ao mundo externo, onde as coisas *são*, mas não existem (mundo, portanto, estático, permanente, acabado), a *Existência* (o homem) não é um *estado*, mas um

---

[29] FATONE, p. 16-17
[30] FOULQUIÉ, p. 41.
[31] LENZ, p. 23-24.

ato; é, pois, algo dinâmico que se cria a si mesmo continuamente, que luta por si, que dá a si sua própria forma. Para o existencialista, no homem, a *Existência* precede a *Essência*. Que significa isso? Segundo Sartre, significa "que o homem primeiramente existe, encontra-se, surge no mundo e somente depois se define".[32] O homem nada mais é que aquilo que ele próprio se faz, sendo, portanto, impossível defini-lo antes que exista.

6. Existência Autêntica e Existência Falsa – A Existência é um privilégio do homem, mas não são todos os homens que dela usufruem. Assim é que devemos distinguir entre *Existência autêntica* e *Existência falsa*. Cabe ao homem escolher entre ambas. A única eleição "livre"[33] (em nosso sentido) que faz o homem é entre esse duplo modo de existência. Tentemos caracterizar cada um desses modos de existir.

A *Existência falsa* é aquela dos que estão perdidos no mundo, no ramerrão da vida cotidiana. "A massa dos homens se concentra sobre os objetos deste mundo que condicionam sua felicidade. Quanto aos filósofos, o saber e o pensamento abstrato afastam-nos da Existência."[34] O mundo para o pensador existencialista é estranho, inós-

---

[32] SARTRE, *L'Existentialisme est un Humanisme*, Paris, 1948, p. 21-22, apud LENZ 22.
[33] LENZ, p. 26.
[34] FOULQUIÉ, p. 39.

pito, incompreensível, pouco acolhedor, perigoso, um caos de que se deve fugir por uma luta permanente, "uma realidade vazia de sentido, só tecnicamente utilizável".[35] O homem pode, evidentemente, fugir, ao menos por momentos, deste estado de Existência falsa e passar para a *Existência autêntica.*

Para Sartre, Heidegger e Jaspers, só existe *autenticamente* aquele que se escolhe livremente, que se faz a si mesmo, que é sua própria obra.[36] Caberia, aqui, um comentário sobre o conceito existencialista de liberdade, problema difícil mas bem interessante. Preferimos, entretanto, focalizá-lo em estudo posterior quando examinarmos separadamente as ideias de cada autor. Segundo Sartre, "se o homem é livre, ele o é sempre em todas as situações, em todas as condições".[37] Observe-se que, segundo os existencialistas, a escolha não nos deve estabilizar em determinado tipo. Se assim acontecesse, deixaríamos de *existir* e passaríamos a mero *ser*. Relembremos que o conceito de *existir* é dinâmico, o de *ser* é estático. Existir autenticamente é, por assim dizer, lutar continuamente, fazer-se continuamente: discernir em o "novo ser resultante de nossas escolhas anteriores os possíveis que ele encobre, optar sem cessar por aquilo que queremos tornar-nos".[38]

---

[35] LENZ, p. 28.
[36] FOULQUIÉ, p. 41.
[37] WAHL, p. 90.
[38] FOULQUIÉ, p. 42.

Existir autenticamente é, pois, ultrapassar constantemente aquilo que se é: "só se existe pela livre realização de um mais-ser" (plus-être).[39] O domínio da Existência é, portanto, o domínio da liberdade, isto é, o domínio do projeto, do possível e da escolha.[40]

7. *As Limitações* – Para os existencialistas, o homem é uma realidade inacabada e aberta, estando essencial e intimamente vinculado ao mundo e, de modo especial, aos demais homens. Encontramos no vocabulário de Heidegger a expressão dessa situação do homem: ele é o *Dasein* (o ser singular concreto) que se encontra no mundo em certas situações e é portanto também o *"ser-no-mundo"*, isto é, *"Das In-der-Welt-sein"*. O homem está, de modo especial, em relação com os outros homens e é, portanto, um ser com, isto é, *"Das Mit-sein"*, o *"Dasein"* em relação com os demais *"Dasein"*.

A Existência implica, pois, relações com o mundo e com os outros seres conscientes e está sempre vinculada a uma determinada situação que a limita interior ou exteriormente. Entre essas limitações, algumas são inevitáveis, como o sofrimento, a culpa, a luta etc., e transformam nossa existência em algo desolador. O *temor* e a *angústia* são, sobretudo,

---

[39] Idem, ibidem.
[40] WAHL, p. 89.

sublinhados pelos existencialistas devido às consequências deprimentes que tais sentimentos acarretam para o homem, O temor tem por objeto ameaças determinadas; a angústia não possui alvo definido: coloca-nos, sem razão, diante do vácuo do nada. Tédio, melancolia, desespero são situações depressivas que culminam na forma aguda da *angústia*. Dos pensadores existencialistas, foi, sobretudo, Kierkegaard que mais se aprofundou no problema da angústia. Angústia, possibilidade, ambiguidade e, finalmente, o *nada* são conceitos que se entrosam. A *possibilidade* (estamos sempre na presença de *possíveis bons* e *possíveis maus*) "é vivida como uma angústia".[41] "Ligada à ideia de possibilidade, a angústia está ligada, por isso mesmo, à ideia de *ambiguidade*. O que se apresenta a nós, na angústia, é uma espécie de poder pelo qual somos atraídos e repelidos; é uma simpatia antipática e uma antipatia simpática".[42] Wahl chama a angústia de "a vertigem da liberdade".[43]

Quando a angústia passa, sentimo-nos diante do *nada*. A angústia

> coloca-nos realmente diante do *nada:* com a angústia surge em nós o *nada;* então nos aterrorizamos ante o fluir de nossa vida e as construções que levantamos ao nosso derredor para proteger-nos desabam; foge-nos das mãos a última tábua salvadora; ficamos suspensos sobre o nada, vemo-nos imersos e prisioneiros no *nada*. Essas

---

[41] WAHL, p. 165.
[42] Idem, ibidem.
[43] Idem, p. 166.

vivências se repetem, senão em forma tão aguda, nos sentimentos de *tédio*, no qual tudo aparece mergulhado na indiferença, de *melancolia,* em que tudo se tinge de cansaço e lassidão, e de desespero, em que formalmente concebemos e produzimos a angústia.[44]

É interessante notar que, para os existencialistas, esses sentimentos constituem verdadeiro trampolim para a passagem da Existência falsa para a Existência autêntica, da *inautenticidade* para a *autenticidade:* "Inclusive em Marcel a esperança não floresce a não ser sobre o solo do desespero".[45]

8. *A Morte* – A última situação limite do homem é a morte. A angústia da morte pesa permanentemente. Para Heidegger o homem só existe para a morte. Desde que nasce, já está bastante velho para morrer... O *Dasein* é um *Sein-zum-Ende:* um ser para o fim. O homem é, pois, essencial e constitutivamente um *Sein-sum-Tode:* um ser para a morte. A morte é algo estritamente individual: é sempre a *minha morte!* Assim, a angústia nascida da antevisão da morte e do nada é, pois, "o que me individualiza em mais alto grau".[46]

Observe-se que Sartre critica a argumentação de Heidegger sobre a morte, combatendo o conceito de *Sein-zum-Tode*. Para Sartre "a morte é algo radicalmente contingente

---

[44] LENZ, p. 31.
[45] Idem, ibidem.
[46] JOLIVET, p. 133.

e absurdo, que eu não posso esperar e que me vem de fora, por azar, exatamente como o nascimento...".[47]

9. *O Sentido da Existência* – Para o existencialista o momento de existir, o *instante* de *autenticidade,* possui três dimensões: abrange, ao mesmo tempo, o presente, o passado e o futuro. Guardemo-nos, entretanto, de dar a essas expressões o sentido habitual. "Mediante nossos planos, esperanças, temores, expectativas e projetos o *futuro* se aloja no *presente* e o conforma ativamente. De modo semelhante, o *passado* não é apenas algo já transposto e abandonado, mas algo que, como recordação, forma e determinação, atua sobre o presente."[48] Segundo o Existencialismo, o sentido da Existência não está na preparação de um fim futuro ou na realização de boas obras, mas

> naquilo que não está exposto à ameaça da morte, quer dizer, o instante mesmo, a disposição momentânea, o *compromisso incondicional do instante* em cada situação histórica dada. Buscar fins em torno ou sobre si, querer realizar valores fora da Existência momentânea, equivale para o Existencialismo a levar uma Existência inautêntica, vulgar, decadente. Ao contrário, agarrar-se ao instante para assim libertar-se do destino e morte futuros vale tanto como agarrar-se a um ponto

---

[47] Idem, p. 135.
[48] LENZ, p. 29.

de apoio [na trad. espanhola: "agarradero"] absoluto que em si mesmo leva seu sentido.[49]

O existencialista, ao que parece, desejaria igualar-se à Divindade: possuir simultaneamente, num instante, seu ser de maneira total e perfeita num presente eterno. Há relação entre a *Existência* e o além-túmulo? Evidentemente, não. "Existir é ser para a morte. Existir é ser para o nada. Existir é ser para o naufrágio." Esses três conceitos pertencem respectivamente a Heidegger, a Sartre e Jaspers. O primeiro se abstém de falar no que viria depois da morte; o segundo nega simplesmente esse "depois"; o terceiro vê no naufrágio a negação da morte e do nada, mas coloca-o muito além do horizonte, fora do alcance do pensamento: "Pensar o naufrágio, querer penetrá-lo com nossos conceitos ou com nossa experiência de seres no mundo, é absurdo".[50]

10. *A Moral* – De tudo o que escrevemos, não é difícil concluir quão subjetiva e precária é a moral existencialista. Ignorando toda a ordem objetiva e universalmente válida do mundo, o Existencialismo coloca a liberdade como fundamento de todos os valores. "Todo valor pressuposto à liberdade abocanharia a liberdade e, na prática, destrui-la-ia."[51] Assim é que a condição *sine qua non* para que

---

[49] LENZ, p. 33.
[50] FATONE, p. 43.
[51] STEFANINI, p. 77.

o homem seja livre é não existir nenhuma ordem universal "concentrada no princípio unitário do ser, a que esse homem deva conformar-se".[52] Essa liberdade sem razão leva inevitavelmente a uma moral arbitrária e individual. Com efeito, o existencialista coerente não admite nenhuma norma: cada um deve fazer as suas. Não admitindo a existência de Deus, poderá concluir logicamente com o personagem de Dostoiewski: "Tudo é permitido".

11. *Deus* – Já mencionamos, mais de uma vez, a posição dos expoentes do Existencialismo face ao problema de Deus. Queremos, agora, apenas chamar a atenção para um traço comum a esses filósofos da Existência: a *obsessão com Deus*.

Sartre, que considera Deus um falso conceito, uma contradição, usa-o como tema frequente de suas dissertações.

> Heidegger, mais cauteloso, não deixa, por isso, de referir intimamente sua Filosofia ao problema de Deus. Em seus últimos trabalhos começa a falar de Deus. Sua hierarquia dos seres termina na trilogia clássica: Deus, a pedra e o homem. O homem, livre e deficiente; a pedra, sem deficiência, porque é sem liberdade; e Deus, sem liberdade, porque é sem deficiência.[53]

Jaspers emprega constantemente os conceitos de Deus e Divindade.

---

[52] Idem, ibidem.
[53] FATONE, p. 60.

CONCLUSÕES

1. *O Prestígio do Existencialismo* – O prestígio que, de certo modo, o Existencialismo possui entre as correntes filosóficas contemporâneas a ponto de apresentar-se "como expressão consciente do modo de sentir de uma época"[54], provém, a nosso ver, principalmente de duas razões.

Em primeiro lugar porque o Existencialismo pôs em foco as questões relativas à pessoa, à liberdade, ao destino humano. "São problemas que a filosofia moderna ia esquecendo e que era preciso relembrar."[55] Acrescente-se que os pensadores existencialistas "enriqueceram a Filosofia com toda uma série de excelentes análises psicológicas e fenomenológicas e que até exploraram, pela primeira vez, domínios novos: por exemplo, as relações puramente pessoais entre os homens (o 'ser-com', o 'ser-para-outro', o 'tu', a 'comunicação'). Surgiu neste ponto uma nova problemática que significa uma ampliação essencial da Filosofia. Também são fundamentais as controvérsias dos existencialistas com o Positivismo, por um lado, e o Idealismo, por outro".[56]

Em segundo lugar, parece-nos haver uma explicação do interesse pelo Existencialismo no "gosto doentio de um mundo desiludido e sofredor por ver em imagens e ratificadas em fórmula científica a tragédia da vida...".[57]

---

[54] STEFANINI, p. 97.
[55] Idem, ibidem.
[56] BOCHENSKI, p. 213.
[57] STEFANINI, p. 97.

2. *A Igreja e o Existencialismo* – A posição da Igreja Católica em face do Existencialismo está clara e insofismavelmente exposta na já citada Encíclica *Humani Generis:*

> As afirmações deste evolucionismo, que negam tudo o que é absoluto, firme e imutável, prepararam o caminho ao erro de uma nova Filosofia... que leva o nome de Existencialismo. Este não se preocupa com as essências imutáveis das coisas e só dedica sua atenção à existência individual. A isto se acrescenta um falso "historicismo" que somente cuida dos acontecimentos da vida humana e que solapa os fundamentos de toda a verdade e de toda a lei absoluta, tanto no domínio da Filosofia como no do Dogma cristão (*Humani Generis*, n. 6-7).

Citemos, ainda, o importante documento pontifício neste trecho em que defende a *Philosophia Perennis* contra aqueles que a julgam incompatível com as necessidades da cultura moderna:

> Objetam também que a *philosophia pereunis* é uma Filosofia das essências imutáveis, quando um espírito moderno deve necessariamente interessar-se pela existência individual e pelo fluxo incessante da vida. E enquanto desprezam esta Filosofia, exaltam outras, antigas ou recentes, do Oriente ou do Ocidente, de modo que parecem insinuar nos espíritos a ideia de que qualquer filosofia, qualquer maneira de pensar, com o acréscimo de algumas correções ou complementos, se forem necessários, podem acomodar-se com o Dogma católico; ora, que isto é completamente falso, nenhum

católico pode duvidar, principalmente quando se trata dessas teorias que se chamam ou "imanentismo", ou "idealismo", ou "materialismo", quer histórico, quer dialético, ou ainda "existencialismo", quer professe o ateísmo, quer apenas negue o valor do raciocínio metafísico (*Humani Generis*, n. 48 e 49).

Das teorias dos principais autores existencialistas não é difícil concluir que as mesmas levam a um profundo irracionalismo, a uma aversão à filosofia científica, a um completo subjetivismo no que tange os conceitos de verdade e de valor, ao desprezo das essências, a um relativismo, à destruição, enfim, dos fundamentos da Filosofia tradicional cristã.

Não é de admirar-se que se chegue, por essas teorias, a pôr em perigo duas disciplinas filosóficas que, por sua natureza, estão estreitamente unidas ao ensino da fé: a teodiceia e a ética... (*Humani Generis*, n. 52).

Em face de tudo isso, não nos cause espanto a atitude da Igreja diante do Existencialismo. Condenando-o, o Magistério Eclesiástico está defendendo, antes de mais nada, os direitos da *razão humana* contra seu rebaixamento pelo Existencialismo. Está defendendo as próprias bases da Doutrina Revelada.

Uma pergunta paira no ar: Que dizer do Existencialismo do católico Marcel? A resposta exigiria um prévio estudo sobre as ideias desse pensador contemporâneo. Dá-la-emos, possivelmente, em um artigo especial. Digamos, de passagem, que Marcel, para evitar mal-entendidos, já repeliu a denominação de "existencialista cristão".[58]

Concluamos: para quem se habituou à clareza geométrica e ao rigorismo lógico da *Philosophia Perennis*, o Existencialismo (qualquer que seja o adjetivo que o acompanhe) lembra, às vezes, mais um devaneio da fantasia que uma resposta séria aos eternos e angustiantes problemas da alma humana. O subjetivismo e irracionalismo que a caracterizam levarão inevitavelmente a Filosofia da Existência à própria desintegração e dissolução. Isto, aliás, é o que parece estar acontecendo, segundo observa Heinemann: "Heidegger, Jaspers e Marcel abandonaram a Filosofia da Existência. Só Sartre se mantém no Existencialismo, porém transformando-o em um Humanismo".[59]

REFERÊNCIAS BIBLIOGRÁFICAS

BOCHENSKI, J. M., *La Filosofia Actual*. Tradução para o espanhol de Eugenio Imaz, Fondo de Cultura Económica, México-Buenos Aires.

BOZZETTI, José, *Que és la filosofia*. Traduzido do italiano por José Garo, Editorial Difusión, Buenos Aires.

---

[58] HEINEMANN, p. 169.
[59] Idem, p. 13.

FATONE, Vicente, *Introducción al Existencialismo*. Editorial Columba, 3ª edição, julho de 1957.

FERRATER MORA, José, *Diccionario de Filosofia*. Editorial Sudamericana, Buenos Aires, 4ª edição, 1958.

FOULQUIÉ, Paul, *L'Existentialisie*. Presses Universitaires de France, Quesais-je?, Paris, 11ª edição, 1961.

HEINEMANN, Fritz, *Está viva o muerta la Filosofia Existencial?* Tradução do alemão por Fernando Vela, Revista de Occidente, Madrid.

JOLIVET, Régis, *Las Doctrinas Existencialistas desde Kierkegaard a J. P. Sartre*. Versão espanhola de Arsenio Pacios, Editorial Oredos, Madrid, 2ª versão ampliada.

LENZ, Joseph, *El moderno Existencialismo alemán y francés*. Original alemão: *Der moderne deutsche und französische Existentialismus*. Tradução espanhola de José Peres Riesco, Editorial Gredos, Madrid.

LIPPMANN, Hans Ludwig, *O Pensamento Mágico e a Filosofia da Existência*. Revista Verbum, dezembro de 1953.

STEFANINI, Luigi, *O Existencialismo*. Capítulo da obra "Heresias do nosso tempo", elaborada com a colaboração de diversos autores, Livraria Tavares Martins, Porto, 1956.

WAHL, Jean, *Les Philosophies de l'Existence*, Librairie Armand Colin, Paris, 1954.

2

KIERKEGAARD, PENSADOR RELIGIOSO

Introdução

Considerado como o marco inicial para o estudo do Existencialismo, "o progenitor intelectual do Existencialismo",[1] a figura exótica e às vezes misteriosa e enigmática de Kierkegaard surge para o estudioso da História da Filosofia Contemporânea como uma fonte quase inesgotável de pesquisa e de meditação. Um dos mais curiosos fenômenos da orientação de certas correntes filosóficas atuais é a revivescência das ideias desse pensador dinamarquês, cujos escritos tiveram, relativamente, pouca repercussão em sua época mas constituem hoje estudo obrigatório e indispensável para a compreensão dos rumos que, desde algumas décadas, vem tomando a Filosofia Contemporânea. O interesse por Kierkegaard e a consequente influência de suas obras foi aumentando à medida que as mesmas eram traduzidas, primeiro para o

---

[1] COLLINS, p. 11.

alemão, em seguida, sucessivamente, para o francês, italiano, inglês e outros idiomas. Para fazermos uma ideia da crescente importância do estudo de Kierkegaard, basta comparar o espaço insignificante que o mesmo ocupava nos tratados e manuais de História da Filosofia com as numerosas páginas que ora lhe consagram os mesmos estudos.

Surge naturalmente, diante do leitor a interrogação sobre qual teria sido o motivo do reavivamento das obras de Kierkegaard e da imensa repercussão das mesmas. Não nos parece difícil responder a essa pergunta. Com efeito, encontramos a explicação dessa revivescência no conteúdo e na forma dos escritos de Kierkegaard.

Antes de mais nada, o conteúdo. As ideias de Kierkegaard possuem um sabor de atualidade:

> O pensamento de Kierkegaard, que deveria ser considerado sempre em estreita união com sua vida e com suas experiências vitais, é, com efeito, em grande parte, um pensamento antecipador: os temas de sua época são, em grande parte, os temas de nossa época.[2]

Heinemann assim explica a repercussão distante da obra de Kierkegaard:

> Era um homem genialmente profético que, como um simples indivíduo, diagnosticou e analisou profundamente, na metade do século passado, fenômenos que só

---

[2] PERRATER MORA, 767.

hoje chegaram a ser uma experiência geral: a traição ao espírito da sociedade europeia ocidental nominalmente cristã, porém de fato pagã..."[3]

A *forma* pela qual Kierkegaard vazou suas reflexões possui igualmente uma atração para o leitor atual: sua expressão literária encerra algo de sedutor, de artístico, de enigmático em que transparecem "seus dotes de observação psicológica tão penetrantes e sua dialética tão brilhante...".[4]

1. TRAÇOS BIOGRÁFICOS E OBRAS

As ideias de Kierkegaard são a expressão de sua existência, daí a importância do conhecimento, ao menos por alto, dos fatos capitais de sua vida.

Convém, preliminarmente, recordar três fatores decisivos na formação da personalidade do pensador dinamarquês: o momento histórico em que viveu, o ambiente familiar em que foi educado e, finalmente, seu próprio tipo temperamental.

O momento histórico – A vida de Kierkegaard passou-se quase toda em Copenhague, capital provinciana de um país que, devido à sua inferioridade econômica e populacional e a seu isolamento geográfico, não desfrutava de grande prestígio político. A proximidade de uma grande

---
[3] HEINEMANN, p. 33.
[4] Idem, ibidem.

potência, como a Prússia, cuja influência cultural se fazia sentir fortemente na inteligência dinamarquesa, acentuava ainda mais esse estado de inferioridade. A língua, a literatura e a filosofia alemãs gozavam de alto prestígio em Copenhague e Kierkegaard notava, com tristeza, que sua língua materna não era o veículo ideal para a difusão de suas ideias.

O ambiente familiar – Kierkegaard sofreu, em sua formação, a influência da forte personalidade de seu pai, do qual herdara uma imaginação fértil, uma dialética sutil e, principalmente, um profundo sentimento religioso em que predominavam a angústia, a inquietação e a melancolia. Educado dentro das concepções do cristianismo luterano, em que se acentuava a condição pecaminosa da natureza humana intrinsecamente corrompida, Kierkegaard sentiu todo o peso desses ensinamentos e refletiu-os em sua maneira de viver, pensar e escrever. "Sob a pressão de uma educação luterana sombria e estritamente ortodoxa, não pôde gozar sua infância", observa Heinemann.[5]

Tipo temperamental – Os defeitos físicos com que nasceu, sua natureza doentia, o ambiente em que foi criado e os privilégios de que foi alvo (pelas deficiências físicas e também por ser o mais moço dos irmãos) contribuíram para acentuar sua personalidade exótica, tímida, sensível em demasia, introspectiva, misteriosa, enigmática. Heinemann considera-o "um caso psicopatológico, diagnostica-

---

[5] Idem, p. 34.

do, por uns, como esquizofrênico; por outros, como maníaco-depressivo".⁶ Todas essas facetas da personalidade de Kierkegaard (que ele, aliás, revela-nos sem rebuços em seus escritos) devem naturalmente ser levadas em conta na apreciação de sua obra. Contudo, não nos parece inoportuno repetir a advertência de Gollins sobre qualquer exagero nesse ponto: "Em certo sentido, os traços da personalidade de Kierkegaard têm tão pouca significação no que concerne ao problema da validade de seu pensamento quanto a loucura de Nietzsche, embora ambos tenham sido pensadores muito pessoais".⁷

Episódios decisivos na vida de Kierkegaard – Esboçados, em rápidas pinceladas e em cores um tanto negras, o cenário do drama e a figura do protagonista, vamos, agora, apreciar os principais e decisivos momentos da vida desse homem-problema que foi Sören Kierkegaard. Os biógrafos apontam três acontecimentos de influência decisiva em sua vida: as relações com o pai, o noivado fracassado e a polêmica com a Igreja Luterana Dinamarquesa.

Uma sucessão de mortes ocorridas na família e a constante melancolia de seu pai sugeriram a Sören a ideia de que a maldição divina pesava sobre seu lar. Tal convicção se fortaleceu quando, pouco antes de morrer, o pai lhe confessou que, ainda "rapazinho, guardador de carneiros nas charnecas da Jutlândia, sofrendo grandes ma-

---

⁶ Idem, p. 48.
⁷ COLLINS, p. 33.

les, cheio de fome e de frio, se ergueu sobre uma colina e amaldiçoou Deus".[8] "Foi a consciência dessa falta, que, numa alma inclinada para o excesso, provocou as exigências, os escrúpulos que vieram a refletir-se sobre a vida dos que o rodeavam – e principalmente sobre Sören".[9] A confissão do pai passou para Sören o sentimento da culpabilidade de seu genitor, produzindo-lhe um tremendo traumatismo moral, "tanto mais terrível quanto o pai era para ele a própria imagem da superioridade moral e da pureza religiosa".[10]

Os amores de Kierkegaard por Regina Olsen são um indício de uma personalidade psicopata. Amou-a apaixonadamente, conseguindo triunfar sobre um rival. Apenas comprometido com o noivado, Sören arrepende-se e procura, por todos os meios, romper o compromisso:

> A ideia de comportar-se de maneira tão ofensiva que a própria Regina o repelisse voluntariamente era a que melhor lhe parecia. Porém por mui ásperas e duras que fossem suas palavras, não logrou desvanecer a profunda confiança que ela havia depositado nele. Por fim, teve que assumir a responsabilidade. Em outubro de 1841, depois de devolver-lhe a aliança com uma nota fria e obscura, rompeu Kierkegaard definitivamente com Regina.[11]

---

[8] Casais Monteiro, p. 15.
[9] Idem, ibidem.
[10] Idem, ibidem.
[11] Collins, p. 23.

Quais as razões exatas desse rompimento? Não é fácil enumerá-las todas, mas acreditamos poder afirmar que entre elas figurava uma timidez natural provocada por sua conformação física defeituosa aliada a um complexo de culpabilidade que o impediria de ser feliz no matrimônio. Esse episódio de amor fracassado em que o trágico e o grotesco se combinam teve "profundas consequências em sua vida cultural e espiritual. Incapaz de enlaçar-se ao mundo dos homens, vinculou-se cada vez mais com o Deus transcendente".[12]

A polêmica com a Igreja oficial da Dinamarca é outro episódio marcante da vida e da mentalidade de Södren. Nesse ataque "atravessou todas as barreiras"[13], não poupando nem os ministros, nem suas famílias. Acusou os luteranos de haverem subordinado as coisas sagradas aos interesses seculares, integrando "completamente sua vida religiosa dentro da ordem burguesa".[14] Acusou o cristianismo oficial de eximir os homens da necessidade de uma vida ascética e das boas obras. A intensidade desses debates de caráter religioso minou a saúde de Kierkegaard, que veio a falecer aos 42 anos de idade no dia 11 de novembro de 1855.

Suas obras – A personalidade misteriosa de Sören revela-se no uso frequente que fazia de pseudônimos, às vezes

---

[12] HEINEMANN, p. 35.
[13] COLLINS, p. 32.
[14] Idem, p. 31.

estranhos, tais como Victor Eremita, Iohannes de Silentio, Iohannes Climacus etc. Em algumas obras encontramos inúmeras personagens que manifestam suas opiniões a respeito de diversos temas, e curioso é o fato de que, em seus Diários, Sören menciona ditos personagens de um modo objetivo. Foram variados os motivos que levaram Kierkegaard a usar pseudônimos: pelo simples prazer de parecer enigmático, às vezes para enviar mensagens à sua ex-noiva ou, ainda, para expor diversas ideias e concepções não raro contraditórias dando aos leitores a possibilidade de que por si mesmos encontrassem sua própria solução.

Como os personagens pseudônimos podem discutir seus problemas de um modo dramático e interessante, impelem o leitor a seguir adiante até ver-se obrigado a julgar entre os mesmos e talvez ir além das possibilidades que eles representam.[15]

Enumeremos, agora, algumas das principais obras de Sören Kierkegaard. Em primeiro lugar, convém mencionar seus "Diários", cujas notas "nos introduzem imediatamente no clima intelectual daquele momento, produzido por uma combinação da Filosofia hegeliana das ideias estéticas românticas e da Igreja luterana dinamarquesa".[16]

Outras obras:

1841 – "Do conceito da ironia, principalmente em Sócrates" (tese com que terminou seus estudos de teologia).

---

[15] Idem, p. 53.
[16] Idem, p. 35.

1843 – "Ou um ou outro", "Temor e tremor" e "A repetição" (esses três livros foram meios que Kierkegaard usou para transmitir de modo romântico mensagens a Regina. Seu tema é o enriquecimento da personalidade humana em seus três níveis, o estético, o ético e o da consciência religiosa).

1844 – "O conceito da angústia" (estudo do estado de angústia).

1845 – "Etapas no caminho da vida" (ensaios que resumem a teoria das três esferas da existência).

1846 – "Último pós-escrito não científico" (assinala a passagem da produção estética para as obras religiosas).

1848 – "O ponto de vista sobre minha obra como autor" (ensaio autobiográfico em que chama a atenção sobre três acontecimentos culminantes de sua vida). Este livro foi publicado em 1859.

1849 – "Enfermidade mortal" (tratado do desespero).

2. O Pensamento de Kierkegaard

1. *As fontes* – Antes de estudarmos o pensamento kierkegaardiano propriamente dito, vamos indicar brevemente as fontes em que o pensador dinamarquês buscou inspiração e material para suas digressões. O Cristianismo luterano, os filósofos alemães e, sobretudo, a sua própria vida. Eis, em linhas gerais, as principais fontes do pensamento de Kierkegaard. Examinemo-las separada e sucintamente.

O Cristianismo em que Sören foi educado era um Cristianismo sombrio e amargo no qual se acentuavam as agruras da cruz e se omitiam as doçuras do presépio. Este Cristianismo impregnado de luteranismo é

a influência que atuou mais profundamente sobre o pensamento de Kierkegaard, que mais fortemente modelou sua sensibilidade e contribuiu, portanto, de uma maneira decisiva para a gênese de seu existencialismo.[17]

A Filosofia alemã é, também, fonte importante do pensamento kierkegaardiano. Os anos seguintes ao da entrada de Kierkegaard na Universidade de Copenhague (1830-1840) coincidem com uma época em que na Alemanha se travava renhida batalha intelectual em torno das ideias de Hegel. Essa fermentação filosófica não teve, entretanto, grandes ressonâncias entre a maior parte dos intelectuais dinamarqueses "encerrados em seu provincialismo"[18], os quais acreditavam que a filosofia de Hegel era capaz de "poder assimilar tanto os Últimos frutos da literatura como a Confissão de Augsburgo"[19]. Kierkegaard foi, nessa época, na expressão de Collins, uma verdadeira "vox clamantis in deserto"[20] contra tal mentalidade estreita.

A partir de 1837 Kierkegaard aprofundou-se no estudo dos filósofos alemães e tomou conhecimento de tudo o que se escrevera pró e contra Hegel, antes mesmo de iniciar o estudo direto do próprio texto hegeliano. Dentre os oposito-

---

[17] JOLIVET, Las doctrinas, p. 47-48.
[18] COLLINS, p. 114.
[19] Idem, ibidem.
[20] Idem, p. 115.

res de Hegel, Schelling e Trendelenburg foram os mais influentes na fornação de Kierkegaard. Do primeiro, Kierkegaard ouviu as preleções em Berlim no inverno de 1841 e 1842. Do segundo, conheceu apenas as obras, confessando, entretanto, que "não havia aprendido tanto de nenhum filósofo como de Trendelenburg".[21] Este "fomentou a veia inata do realismo e empirismo de Kierkegaard".[22]

O "sistema hegeliano" pode ser considerado, se assim podemos expressar-nos, como fonte negativa do pensamento de Kierkegaard, pois este se caracteriza como reação contra aquele. Com efeito, Kierkegaard via no racionalismo de Hegel o antípoda de seu próprio pensamento. Vejamos, a título de exemplo, alguns aspectos do hegelismo atacados por Kierkegaard: seu espírito abstrato, sua acentuação do geral, seu panteísmo, suas ideias concernentes à religião em geral e ao Cristianismo em particular. Sören combatia o fato de não haver Hegel compreendido "o significado da existência em sua fase de interioridade propriamente humana".[23]

Passemos, agora, à mais importante e decisiva fonte do pensamento de Kierkegaard: sua própria existência:[24] "Porque, no fundo, não há, ao que parece, mais que uma fonte que é a *realidade existencial de Sören Aabye Kierke-*

---

[21] Idem, p. 125.
[22] Idem, p. 126.
[23] Idem, p. 134.
[24] JOLIVET, Las doctrinas, p. 39.

gaard, sua personalidade concreta...". Com efeito, o pensamento kierkegaardiano formou-se "menos por assimilação de elementos estranhos que por um aprofundamento contínuo de sua própria personalidade, por uma consciência cada vez mais ampla e mais exigente das condições, não já da existência em geral, mas de seu próprio existir".[25] Para Kierkegaard, o grande problema era encontrar uma verdade, "porém uma verdade para mim, encontrar a ideia pela qual quero viver e morrer".[26] Daí o conceito de que "a verdade é a vida mesma quem a expressa: é a vida em ato". Várias vezes Kierkegaard declarou que toda sua obra nada mais era que a expressão de sua própria vida. Mergulhou contínua, persistente e profundamente na própria personalidade fazendo de toda sua vida uma verdadeira "autoscopia".

2. *As categorias centrais do pensamento de Kierkegaard* – O pensamento de Kierkegaard se apresenta hostil a tudo que é *objetivo, universal, impessoal*, isto é, a tudo que considera oposto à *existência pessoal*. Como ameaça a essa existência pessoal, Kierkegaard combate, na *ordem intelectual*, o Idealismo (encarnado no sistema hegeliano); na *ordem social*, impugna o domínio crescente das massas (no qual se perde o indivíduo); na *ordem religiosa,* investe

---
[25] Idem, ibidem, p. 40.
[26] Idem, ibidem.

contra o *Cristianismo secularizado* com que o protestantismo se acomodou à debilidade humana. "A essa múltipla ameaça de dispersão e exterioridade, Kierkegaard opõe uma *exigência de interioridade*, que se manifesta nas três categorias centrais de seu pensamento."[27] Essas categorias são a *existência*, a *subjetividade* e o *indivíduo*.

a) *A existência* – Que vem a ser "existência"? Kierkegaard não emprega o vocábulo no sentido tradicional que damos ao mesmo quando afirmamos que os *seres humanos* e *outros seres* estão em determinado ponto e momento do espaço e do tempo respectivamente. Wahl[28] observa que "a primeira característica da existência, se podemos chamar isto de característica, é que a mesma não é definível; não é cognoscível objetivamente". Ferrater Mora[29] nos esclarece melhor: "A existência aparece, aqui, antes de tudo, como o *existente*, o *existente* é precisamente aquele cujo 'ser' consiste na subjetividade, quer dizer, na pura liberdade de *eleição*". A existência, para Kierkegaard, é uma escolha, uma eleição. Não uma eleição de coisas ou de bens, mas *uma eleição de si mesmo*. Existir, portanto, é eleger-se. Essa eleição é ao mesmo tempo necessária e livre. Jolivet assim explica esse aparente paradoxo: "A eleição é, com efeito,

---

[27] KLIMKE-COLOMER, p. 803
[28] WAHL, *Les philosophies*, p. 44.
[29] FERRATER MORA, p. 473.

necessária e livre, porém sob distintas relações; necessária no sentido de obrigatória, e livre enquanto não coage".[30]

Segundo Kierkegaard o *eu* deve absolutamente eleger e eleger-se segundo o que há nele de infinito e eterno. A eleição arranca o homem do temporal e, de acordo com a intensidade mesma do instante vivido, coloca-o de certa maneira no eterno. Decidir em cada instante do tempo uma eternidade, eis a grandeza sobre-humana do homem.

O desespero e a angústia caracterizam também a existência, pois existir significa sofrer necessariamente desespero e angústia. Aquele resulta do fracasso, esta vem ligada à possibilidade e à liberdade.

b) *A subjetividade* – Para Kierkegaard todo o conhecimento *autêntico* deveria referir-se necessariamente à *existência* e, portanto, ser *subjetivo*. O conhecimento racional, abstrato, geral, é incapaz de descobrir o sentido profundo da verdade. Esta é subjetiva. "A subjetividade é a verdade", afirma o pensador dinamarquês. Não somente neste sentido em que "eu não conheço a verdade a não ser quando ela se torna vida em mim", mas em um sentido propriamente relativista: "a consciência cria, a partir de si, o que é verdadeiro".[31] "A verdade é o ato da liberdade." Julgamos, aqui, oportuno observar que por *subjetivo* Kierkegaard não entendia "a glorificação de qualquer capricho pessoal ou fantasia privada".[32] "A subjetividade de um homem é sua

---

[30] JOLIVET, Las doctrinas, p. 56.
[31] FOULQUIÉ, p. 105.
[32] COLLINS, p. 156.

condição interior pessoal, com respeito à lei moral e à vida religiosa, fase da realidade humana que não está aberta à inspeção científica. Neste sentido, o conhecimento existencial tem que ser subjetivo e edificante."[33] Wahl dá-nos alguns esclarecimentos substanciosos sobre *subjetividade* e *verdade* em Kierkegaard: "Aprender a verdade, para Kierkegaard, é apropriar-se da mesma, é produzi-la e é, ao mesmo tempo, ter um interesse infinito por ela. O que domina Kierkegaard é a ideia de um cuidado infinito de si".[34]

A verdade, para Kierkegaard, é essencialmente Deus enquanto encarnado, é essencialmente Jesus Cristo enquanto diz de si mesmo: "Eu sou a verdade". E quando este Homem-Deus que é Jesus diz "Eu sou a verdade", ele se apresenta a nós como um escândalo, como um paradoxo, e é a tensão na qual devemos colocar-nos para compreendermos que o infinito se encarnou, isto é, se realizou no finito, é esta tensão que nos faz atingir a verdade, porque a verdade está essencialmente na intensidade de nossa relação com o termo com o qual estamos em relação.[35]

O pensador subjetivo une, diz Kierkegaard, a eternidade e o tempo; é ele próprio união do eterno e do tempo, pois que concebe a verdade eterna,

---

[33] COLLINS, p. 156.
[34] WAHL, *Les philosophies*, p. 125.
[35] Idem, ibidem, p. 125-126.

mas concebe-a em um instante do tempo. É então ele mesmo um paradoxo.[36]

c) *A individualidade* – Existência, subjetividade e individualidade são conceitos intimamente relacionados. A Kierkegaard interessa sobretudo o "reale individuum", o sujeito concreto em sua singularidade. Ele vê em seu conceito de indivíduo (der Einzelne) a categoria central de seu pensamento e chega a dizer: "Se tivesse de pedir um epitáfio para minha sepultura, só pediria este: 'Esse indivíduo'".[37] O pecador e o homem em estado de graça representam os tipos de indivíduo mais opostos e mais definidos.

O contraste da existência culmina nestas duas formas antagônicas da individualidade. O santo é o indivíduo mais rico, porque realizou as possibilidades da existência ao máximo. Permaneceu fiel a Deus e, portanto, recebeu força e consolo em Cristo. O que significa ser homem se revela em forma exaustiva só na pessoa e missão de Cristo. Na mente de Kierkegaard, chegar a ser um indivíduo é o mesmo que chegar a ser cristão em espírito e em verdade. Em vez de reduzir a religião a uma teoria da humanidade pura (ao que Julian Huxley chama "socialização"), o estudo kierkegaardiano do indivíduo humano leva a Cristo como ao modelo e à fonte do poder para chegar a ser plenamente um indivíduo.[38]

---

[36] Idem, ibidem, p. 126.
[37] KLIMKE-COLOMER, p. 805.
[38] COLLINS, p. 223-224.

Kierkegaard exagera aqui ao extremo o individualismo protestante. Ser cristão é defrontar se sozinho com Deus realizando, assim, a plenitude individual. O caminho para atingir esse ideal encontra-se na doutrina das "esferas da existência".

3. *As esferas da existência* – Em sua obra "Etapas no caminho da vida", Kierkegaard desenvolve uma parte de suas teorias, que teve grande repercussão e influência: a doutrina das *três esferas da existência*. Observe-se que essa doutrina foi sendo desenvolvida gradualmente. Assim, por exemplo, no primeiro trabalho de sua carreira pública como escritor, "Ou um ou outro", Kierkegaard já propõe a alternativa entre a *ordem estética* e a *ordem ética*. Em "Temor e tremor", acentua que o ponto de vista *ético* é insuficiente para a compreensão da realidade da fé religiosa. A esfera religiosa é abordada de modo especial nas "Etapas", no "Postscriptum" e nas obras de caráter religioso.

Na esfera *estética*, o homem vive fora de si; na esfera *ética*, começa a entrar em si; finalmente, na esfera *religiosa*, volta-se completamente para si, encontrando-se nas mãos de Deus. Examinemos, com mais cuidado, cada uma dessas formas de vida. Antes, porém, uma observação para desfazer um possível equívoco: as palavras *estádio* ou *etapa* da existência não devem sugerir uma *sucessão cronológica* no sentido em que cada indivíduo deva passar sucessivamente pelas etapas abandonando uma, após a outra, como se abandonam os degraus de uma escada. Esses três estádios coexistem, e podemos *refletir* ao mesmo tempo sobre os mesmos, porém não podemos é *vivê-los* simultaneamente, pois que esses diferentes modos de existir se excluem entre si.

a) *A esfera estética* – Nessa esfera predomina essencialmente o gozo contemplativo, a impressão sensível, a *aisthesis*. A sensualidade imediata, a dúvida e, finalmente, o desespero transformam a vida do esteta num vazio de unidade interior, fazem-na desordenada, superficial, anárquica, inconsistente. A primeira atitude, a *sensualidade imediata*, é simbolizada pela clássica figura de D. Juan. "Kierkegaard viu no D. Juan de Mozart a expressão artística suprema do ideal estético com toda sua força e debilidade."[39] A atitude da *dúvida* é representada por Fausto, em quem o pensador dinamarquês vê o "símbolo do homem ocidental, que permanece sem direção, buscando o plano de sua própria vida depois de haver-se rebelado contra a Igreja Católica. É uma figura unilateral, por ser puramente negativa, dos homens da Reforma, que buscam individualmente e em vão um terreno sólido...".[40] Finalmente, a atitude do *desespero* é representada por Ahasverus, o judeu errante, da lenda, no qual Kierkegaard viu "o símbolo mais verdadeiro de sua época e o resultado de uma existência estética cerrada".[41]

b) *A esfera ética* – Na esfera ética predomina o *dever* ao qual o indivíduo ordena sua vida mediante uma eleição livre. "A liberdade é o bem principal que a existência ética traz como complemento à base estética da vida."[42] Kierkegaard defende que acima dos preceitos éticos universais está

---

[39] Idem, p. 65.
[40] Idem, p. 71.
[41] Idem, p. 76.
[42] Idem, p. 88.

o próprio autor desses preceitos e busca exemplos religiosos para demonstrar a insuficiência de um sistema cerrado de ética e "a necessidade de organizar valores éticos em torno de algum centro que não seja o dever e o universal tomados isoladamente".[43] O pensador dinamarquês pressentiu que a "teoria kantiana de obedecer à lei unicamente por respeito à lei poderia levar ao repúdio de Deus...".[44] Mencionando no "Temor e Tremor" a atitude de Abraão decidido a sacrificar Isaac, Kierkegaard chama a atenção para a fé do patriarca. "Em seu isolamento com Deus só sustenta Abraão sua fé absoluta nele e em suas promessas..."[45] "Abraão guarda silêncio ante os três juízes perante os quais a ética o teria obrigado a falar e dizer seus planos. A esposa, o criado e o filho se convertem em símbolos dos escalões éticos no caminho entre a alma religiosa e Deus. Porém não lhes compete o julgar as ações executadas em obediência direta a Deus."[46]

c) *A esfera religiosa* – Ao aprofundar-se em si mesmo, o homem experimenta-se como uma função do absoluto. A categoria central da esfera religiosa é *estar diante de Deus*. Deus domina a existência humana.

Surge, assim, um diálogo misterioso entre Deus e o homem. A chamada de Deus se realiza em cada instante

---
[43] Idem, p. 110.
[44] Idem, ibidem.
[45] Idem, p. 106.
[46] Idem, p. 110-111.

e é uma expressão da locução fundamental pela qual Deus chama continuamente o homem à existência na criação contínua.[47]

O homem deve corresponder continuamente a essa chamada, pois só assim existe autenticamente, vivendo com sua individualidade, sozinho com Deus, *solus cum Solo*. Para Kierkegaard a verdadeira religião constitui um escândalo para a razão, pois na fé reina a subjetividade pura e tudo é paradoxal:

> Na fé, o instante decide sobre a eternidade; o Eterno encarna no tempo; Deus salva o homem, encarnando-se; a existência cristã é ao mesmo tempo eleição e expectativa, risco e ganho, vida e morte, dissipação e recolhimento...[48]

Cabe mencionar aqui um problema que tem dado margem a diversas interpretações: de acordo com o pensamento de Kierkegaard, a *existência de Deus* só pode ser apreendida pela *crença*. Só o salto da fé nos dá certeza dessa existência. Na interpretação do termo *existência* divergem os estudiosos de Kierkegaard. Para a maior parte, Kierkegaard se refere à própria *realidade eterna de Deus*. Assim, Foulquié[49] julga a fé do pensador dinamarquês "o mais absoluto dos *fideísmos*", pois, segundo o mesmo, "Deus não é uma ideia que se prove;

---

[47] KLIMKE-COLOMER, p. 807-808.
[48] LENZ, p. 41-42.
[49] FOULQUIÉ, p. 106.

provar-lhe a existência é uma blasfêmia pior que negá-la". Collins julga, entretanto, que não se trata de um caso de *fideísmo* e explica que "por existência Kierkegaard designa exclusivamente uma maneira de ser, finita e temporal, que está sujeita por essência ao devir. Daí não ser possível aplicar o termo de 'existência' a Deus, se o consideramos em seu modo eterno de ser. Ao referir-se à existência de Deus, refere-se ao fato paradoxal, isto é, ao mistério de Deus fazendo-se homem em um instante do tempo, à Encarnação".[50] E... "a verdade da Encarnação está reservada aos olhos da fé".[51]

Em que pese à interpretação de Collins, quer parecer-nos que Kierkegaard se refere realmente à realidade eterna de Deus. As expressões do pensador dinamarquês são, nessa questão, de difícil interpretação: ele parece fugir a um problema que, talvez, considerasse insolúvel.

d) *A angústia e o salto* – A passagem de uma esfera da existência à outra não se faz por evolução, mas por *salto*. No salto para a fé, desempenha papel importante a *angústia*. Esta não possui somente o aspecto negativo de colocar a totalidade do ser, a própria existência, diante do nada, mas influi *positivamente*, levando o homem ao *salto desesperado para a fé*.

Pela fé o homem se abre totalmente a Deus e se põe integralmente em suas mãos. À angústia de fundir-se no

---
[50] COLLINS, p. 162.
[51] Idem, p. 163.

nada, sucede, agora, a segurança de estar sustentado pelo próprio Deus; ao peso opressivo do pecado, a confiança certa do perdão. Deste modo o homem, que, aparentemente, havia perdido tudo pela angústia, ganhou, realmente, tudo pela fé; havia perdido o finito e ganhou o Infinito.[52]

CONCLUSÕES

Passemos, agora, a resumir, em alguns itens, as conclusões a que chegamos, após o estudo da vida e obra de Sören Kierkegaard.

1. *Síntese do pensamento de Kierkegaard?* – O pensamento de Kierkegaard é a expressão de sua vida e, como esta, contraditório, misterioso, repleto de problemas. Kierkegaard era, ele mesmo, um *homem-problema,* e seu pensamento reflete-o perfeitamente: caracteriza-se mais pela proposição de problemas que pela solução dos mesmos, pois Kierkegaard ofereceu deliberadamente concepções ambíguas, abertas a várias interpretações divergentes. De tudo isso resulta a dificuldade, a quase impossibilidade, de sintetizarmos em poucas (e até em muitas) páginas o pensamento de Kierkegaard. Uma síntese dessa natureza dificilmente fugirá a um certo artificialismo. O contato direto com suas obras constituiria o meio ideal para penetrarmos suas ideias. Mas não se iluda o leitor: ainda assim encontraria, muitas vezes, dificuldades de interpretação.

---

[52] KLIMKE-COLOMER, p. 809.

2. Kierkegaard, filósofo ou pensador religioso? –

Do que escrevemos, parece que se impõe a conclusão: Kierkegaard foi antes um *pensador religioso* que propriamente um *filósofo*. Com efeito, ele foi um inimigo jurado dos sistemas filosóficos.

A luta de Kierkegaard contra Hegel é concebida por ele como a luta contra toda a filosofia. Hegel é o símbolo de toda a filosofia, tanto mais que a filosofia hegeliana era a filosofia dominante nesta época e dominante mesmo no interior da Igreja luterana à qual pertencia Kierkegaard.[53]

Collins observa que "Kierkegaard não elaborou uma filosofia e foi, de fato, um inimigo jurado dos sistemas filosóficos. Não foi nem filósofo, nem teólogo, mas pertenceu à categoria intermediária do 'pensador religioso'".[54]

Heinemann opina:

> Na acepção da palavra não era um existencialista nem um filósofo da existência. Não obstante, é o espírito mais original de todo o movimento. Foi ele quem deu um novo significado ao termo "existência". Como escritor e pensador existencial religioso clamou por um modo existencial de ser cristão.[55]

---

[53] WAHL, *Les philosophies*, p. 27.
[54] COLLINS, p. 10-11.
[55] HEINEMANN, p. 35.

Casais Monteiro,[56] na introdução à sua tradução de "Doença até a morte", comenta:

> Dir-se-á então que não devemos considerá-lo como filósofo. Eis o que alguns fizeram, eis um problema debatido. Há quem, como Jean Wahl, um dos seus introdutores em França, o proclame "poeta do religioso". Outros veem nele, principalmente, o autor duma "teoria da crença". Pelo contrário, um Benjamin Fondane diz-nos: "On n'a pas le droit de parler de Kierkegaard comme s'il n'était avant tout un philosophe". Em que assentar? Que não se choquem os leitores se eu lhes afirmar a necessidade de aceitar simultaneamente estas diversas interpretações. Por isso mesmo que não é filósofo "de sistema", Kierkegaard torna fácil a escolha do que a cada um pareça dominante na sua obra. Uma alma religiosa verá nele, de preferência, o prospector dos caminhos que levam a Deus pelo desnudamento da alma individual "através da sua transparência, como ele diz neste livro. Os "metafísicos por paixão" irão sem dúvida ao encontro do Kierkegaard inquietante, do adversário de Hegel, do precursor de Chestov na "luta contra as evidências".

Jolivet anota que a palavra "filosofia" em Kierkegaard deve "revestir um sentido peculiar", pois o mesmo intentou antes um "método de vida" que "uma introdução à filosofia".[57]

3. Que dizer do cristianismo de Kierkegaard? –

The Oxford Dictionary of the Christian Church (p. 766) chama

---

[56] CASAIS MONTEIRO, p. 12-13.
[57] JOLIVET, Las doctrinas, p. 67.

a atenção para o fato de que a tendência ascética do pensamento de Kierkegaard assinala uma marcante inclinação para os ideais católicos. Nesse aspecto da doutrina kierkegaardiana deve ter influído seu conhecimento acurado da Imitação de Cristo. Embora tenha permanecido, no que tange à situação religiosa, *in discrimine rerum*, no fio da navalha, como observa Collins,[58] podemos anotar em suas ideias uma aproximação do Catolicismo. Vejamos, a título de exemplo, este sugestivo trecho de seu Diário:

> O protestantismo é absolutamente insustentável. É uma revolução que consistiu na proclamação do Apóstolo (Paulo) às expensas do Mestre (Cristo). Como corretivo pôde ter, em um tempo e uma situação determinados, sua importância. Porém se, à parte isso, tratamos de sustentá-lo, deveríamos fazê-lo da seguinte maneira: havemos de confessar que esta doutrina é um calmante do Cristianismo que nós homens nos permitimos, convidando a Deus para que queira tolerá-lo.[59]

Em oposição a seu *anti-intelectualismo* (por exemplo, concepção subjetiva da fé) e seu *individualismo*, traços nitidamente protestantes de sua doutrina, podemos citar os seguintes pontos que o aproximam do Catolicismo: defesa do princípio das boas obras, repulsa à predestinação, insistência na ideia da autoridade religiosa fundada na missão do apóstolo etc.

---

[58] COLLINS, p. 236.
[59] KLIMKE-COLOMER, p. 811.

4. *Influência de Kierkegaard* – A influência do pensamento kierkegaardiano é imensa no pensamento contemporâneo, tanto no campo teológico protestante como no filosófico. No primeiro assinalemos sobretudo a chamada "Teologia dialética" do teólogo protestante Karl Barth e de seus seguidores. No segundo, acentuemos sobretudo a inspiração kierkegaardiana nas obras de Heidegger, Jaspers e Sartre. Com relação a Gabriel Marcel, convém lembrar que entre "todos os representantes do existencialismo é quem mais se aproxima de Kierkegaard; porém deve-se advertir que não havia lido nem uma só linha do mesmo quando desenvolveu suas ideias fundamentais".[60]

REFERÊNCIAS BIBLIOGRÁFICAS

BOCHENSKI, I. M., *La Filosofia Actual*. Tradução de Eugenio Imaz. Fondo de Cultura Económica. México-Buenos Aires, 1951, 2ª edição em espanhol.

BRÉBIER, Emile, Histoire de la Philosophie. Tomo II: La philosophie moderne. Fascículo 3, Le XIXᵉ siècle. Presses Universitaires de France, Paris, 1948, 3ª edição.

CASAIS MONTEIRO, Adolfo, Introdução à sua tradução da obra de Kierkegaard: "O Desespero Humano" (Doença até a morte). Livraria Tavares Martins, Porto, 1952, 3ª edição.

---

[60] BOCHENSKI, p. 196.

COLLINS, TAMES, *El pensamiento de Kierkegaard.* Tradução de Elena Landázuri, Fondo de Cultura Económica. México-Buenos Aires, 1958, 1ª edição em espanhol.

FATONE, Vicente, *Introducción al Existencialismo.* Editorial Columba, 1957, 3ª edição.

FOULQUIÉ, Paul, L'existencialisme (Onzième édition). Presses Universitaires, France, Paris, 1961.

FERRATER MORA, José, *Diccionario de Filosofia.* Editorial Sulamericana, Buenos Aires, 1958, 4ª edição.

HEINEMANN, FRITZ, *Está viva o Muerta la Filosofia existencial?* Tradução do alemão por Fernando Vela, Revista de Occidente, Madrid.

JOLIVET, Régis, *Introducción a Kierkegaard.* Tradução espanhola. Editorial Gredos, Madrid.

_____, *Las doctrinas existencialistas.* Versão espanhola de Arsenio Pacios. Editorial Gredos, Madrid.

KLIMKE-COLOMER, *Historia de la Filosofia.* Editorial Labor S. A., 1961, 3ª edição.

WAHL, Jean, *Études kierkegaardiennes.* J. Vrin, Paris, 1949, 2ª edição.

_____, *Les philosophies de l'Existence.* Armand Colín, Paris, 1954.

3

JASPERS, O FILÓSOFO DA TRANSCENDÊNCIA INDEFINÍVEL

Introdução

Jaspers figura entre os primeiros pensadores contemporâneos que se apresentaram em público com trabalhos de orientação existencialista, fato este que explica, nesta série de artigos sobre o Existencialismo, a inclusão de seu nome logo após Kierkegaard.

Procuraremos, antes de resumirmos em breves traços sua vida e enumerarmos suas principais obras, indicar algumas notas características de sua filosofia.

1. Embora participando da atitude fundamental e das convicções comuns aos demais pensadores existencialistas, Jaspers possui, em geral, um pensamento mais equilibrado. "Assim, por exemplo, concede às ciências um espaço maior..."[1]

---

[1] BOCHENSKI, p. 199.

2. Sua linguagem é relativamente mais simples, evitando principalmente o abuso de neologismos que tanto dificultam a compreensão das ideias de outros pensadores.

3. Distingue-se de seus companheiros por seu empenho visível em chegar a uma metafísica e a uma espécie de teologia natural.[2]

4. Heinemann julga poder caracterizar a filosofia de Jaspers ao mesmo tempo como dogmática, crítica e cética.[3]

Dogmática porque "aceita o Onienvolvente sem perguntar-se se há algo assim".

Crítica porque "rechaça todas as atitudes dogmáticas onde quer que apareçam, seja em uma pseudociência, seja na teologia...".

Cética porque não admite como definitiva nenhuma asserção sobre a existência.

5. Entre os filósofos existencialistas, Jaspers "traçou o sistema mais compacto e mais próximo à metafísica".[4]

6. Finalmente, o pensamento de Jaspers se caracteriza por um singular acento terapêutico, o que certamente está relacionado com o fato de seu autor ter-se dedicado,

---

[2] Idem, ibidem.
[3] HEINEMANN, p. 75.
[4] BOCHENSKI, p. 199.

em primeiro lugar, à medicina. Jaspers, com efeito, "foi o grande filósofo psicopatológico de nosso tempo que se esforçou em diagnosticar a enfermidade da época e sua cura, e em quem repercutiu a atitude psicopatológica com respeito aos homens e aos problemas quando penetrou no domínio mais amplo da psicologia e da filosofia".[5] "Já em sua primeira obra de tema filosófico, o ambiente espiritual de nosso tempo, Jaspers traça um perspicaz diagnóstico de nossa época..."[6]

1. TRAÇOS BIOGRÁFICOS E OBRAS

Karl Jaspers, filho de um banqueiro protestante, nasceu em Oldemburgo em 1883. Antes de entregar-se à Filosofia foi médico, tendo-se dedicado de modo especial à psiquiatria. Podemos assinalar, entre outras, as seguintes datas importantes de sua vida intelectual:

1913 – Tornou-se Privatdozent.
1920 – Professor de Filosofia em Heidelberg.
1937 – Abandonou sua pátria por motivos políticos, passando a lecionar posteriormente em Basileia.

O trânsito da psiquiatria à metafísica caracteriza já, em parte, a atitude de Jaspers, que é, desde logo, uma atitude de insatisfação para com os saberes parti-

---
[5] HEINEMANN, p. 63.
[6] KLIMKE-COLOMER, p. 814.

culares. Estes saberes não podem dar uma luz suficiente sobre o que verdadeiramente interessa ao homem: a existência humana, sua própria existência.[7]

Jaspers descreveu com encanto e fina psicologia sua evolução interior em dois ensaios autobiográficos.

Passemos, agora, à enumeração de algumas das principais obras de Karl Jaspers. Notemos, preliminarmente, que esses escritos podem ser distribuídos em três diferentes épocas:[8] a primeira, de preparação, na qual o médico se inicia nos problemas filosóficos. A segunda, de plenitude, em que são explanados e desenvolvidos os diferentes aspectos de seu pensamento. A terceira é de aprofundamento: "Jaspers retorna aos temas fundamentais de seu pensamento em companhia muitas vezes dos grandes filósofos do passado".[9]

Antes de passar-se inteiramente para o campo das elucubrações filosóficas, Jaspers publicou (1913) sua "Psicopatologia geral", obra original que no mundo da língua alemã foi considerada como início de uma época. Alguns estudiosos observam que Jaspers elevou a psiquiatria ao nível de ciência. É curioso registrar que edições posteriores da "Psicopatologia geral" sofreram a influência dos rumos filosóficos tomados pelo autor.[10]

---

[7] FERRATER, p. 738.
[8] KLIMKE-COLOMER, p. 813.
[9] Idem, ibidem.
[10] HEINEMANN, p. 65.

OBRAS

Primeira época

1919 – *Psychologie der Weltanschauung* (Psicologia da Cosmovisão). Esta obra assinala a transição de Jaspers para a Filosofia. Procura compreender quais as atitudes fundamentais que podem ser adotadas pela alma humana e quais as forças que a movem.

1931 – *Die geistige Situatiort der Zeit* (Ambiente espiritual de nosso tempo). Penetrante diagnóstico de nosso tempo, mostrando o destino do indivíduo "que está em perigo de converter-se em uma simples rodinha do mecanismo do moderno Estado-beneficência e perder sua substância e seu próprio ser".[11]

Segunda época

1932 – *Philosophie*. Esta obra fundamental está dividida em três tomos:
Tomo I: *Philosphische Weltorientierung* (Exploração filosófica do mundo).
Tomo II: *Existenzerhellung* (Esclarecimento da Existência).
Tomo III: *Metaphysik* (Metafísica).

---
[11] Idem, p. 66.

"O ponto de vista de sua grande obra *Filosofia* poderia ser qualificado como filosofia transcendental da existência, porque nela predomina o ato kantiano do transcender".[12]

1935 – *Vernunft und Existens* (Razão e Existência).

1938 – *Existenzphilosophie* (Filosofia da Existência).

1947 – *Philosophische Loque* (Lógica filosófica). O primeiro tomo dessa obra monumental intitula-se *Von der Wahrheit* (Da verdade).

1947 – *Der philosophische Glaube* (A fé filosófica).

1949 – *Von Ursprung und Ziei der Geschicht* (Origem e me ta da História). Nesta obra Jaspers apresenta uma interessante análise da época atual considerando-a como transição entre a Era Cristã e um período de unidade mundial.

Terceira época

Entre muitas outras, anotemos:

1950 – "*Vernunft und Widervernunft in unserer Zeit* (traduzido em espanhol com o título "A razão e seus inimigos em nosso tempo").

1952 – *Rechenschaft und Ausblick* (Balanços e perspectivas). Encontra-se aqui uma curiosa explicação sobre a evolução interior de Jaspers para a Filosofia.

E outras como *Die grossen Philosophen* (1957) etc.

---

[12] Idem, p. 75.

2. FONTES DA FILOSOFIA DE JASPERS

Tentemos indicar algumas fontes em que se inspirou e se orientou o pensamento jasperiano.

Assinalemos, em primeiro lugar, a influência da obra de Kierkegaard: o pensamento de Jaspers marca a transição da *Teologia da Existência* de Kierkegaard para uma autêntica *Filosofia da Existência*.[13] Mas, além do pensador dinamarquês, outros filósofos contribuíram com maior ou menor parcela para a elaboração da Filosofia de Jaspers.

Para sua evolução filosófica foram decisivos seus encontros com pensadores do presente e do passado, principalmente, embora não exclusivamente, com Max Weber (desde 1909), Kierkegaard (desde 1913) e Kant. Weber foi quem influiu relativamente mais cedo e mais duradouramente e se converteu para ele na personificação do filósofo de nossa época.[14]

Não obstante, só Kierkegaard despertou-o definitivamente para a filosofia como um pensar consciente, metódico, fundado em si mesmo, e ensinou-lhe que o verdadeiro filosofar é um giro constante em torno da existência e da transcendência. Por último, Kant foi para ele o filósofo em absoluto, um mestre na formulação das questões fundamentais.[15]

---

[13] KLIMKE-COLOMER, p. 814.
[14] HEINEMANN, p. 63.
[15] Idem, p. 64.

A propósito de Kant, Bochenski observa: "Segundo reconhece o próprio Jaspers, o filósofo que maior influência exerceu sobre ele teria sido Kant".[16] E com efeito, os supostos kantianos foram por ele recolhidos. Vejamos, a título de exemplo, algumas das questões fundamentais formuladas filosoficamente por Kant e reformuladas por Jaspers: *Que posso saber? Que devo fazer? Que posso esperar? Que é o homem?* Em Jaspers, sob a influência de Kierkegaard, essas questões foram assim propostas: *Que é a ciência? Como é possível a comunicação? Que é a verdade? Que é o homem? Que é a transcendência?* Só o problema da comunicação é propriamente novo.[17] "Poderíamos dizer, em resumo, que a Filosofia de Jaspers deita suas raízes em Kierkegaard e Kant: com o primeiro se relaciona o conteúdo; com o segundo, o *método e estruturação* de seu pensamento."[18] Influenciaram também o pensamento de Jaspers, além dos já citados filósofos, Nietzsche, Spinoza, Schelling e o distante Plotino. As ideias deste último refletem-se no conceito jasperiano de divindade: "Em todos esses aspectos Jaspers é um fiel discípulo de Plotino. Sua divindade é como a do neoplatonismo: recôndita, incognoscível, unidade absoluta que ultrapassa todas as categorias".[19]

---

[16] BOCHENSKI, p. 199.
[17] HEINEMANN, p. 69.
[18] KLIMKE-COLOMER, p. 814.
[19] BOCHENSKI, p. 210.

3. O pensamento de Jaspers

1) *Análise do ser humano*[20] – Analisando o nosso próprio ser encontraremos, segundo Jaspers, quatro diferentes dimensões: o *Ser-aí* (*Dasein*), a *Consciência* (*Bewusstsein*), o *Espírito* (*Geist*) e a *Existência* (*Existenz*).

a) O *Ser-aí* (*Dasein*). Qual é o sentido de Dasein, em Jaspers? É o ser particular e determinado. Na realidade, observa Wahl,

> este ser particular e determinado não é jamais completamente particular e determinado. Ele tende sem cessar a dirigir-se segundo seus fins, está ligado a um corpo que, ele próprio, só pode ser explicado pelo conjunto da vida. Não obstante existe aí como ponto de partida o ser particular e determinado.[21]

Vejamos melhor algumas características do *Dasein* segundo Jaspers: O *Dasein* é uma realidade empírica, um ser que vive e morre – portanto, finito, temporal,

---

[20] Jaspers desenvolve a teoria do *Englobante, Envolvente* ou *Compreendente* (*das umgreifende*). "Este ser, que não é nem objeto (limitativo sempre) nem uma totalidade situada em um horizonte (sempre restritivo), é o que chamamos Compreendente" (Lenz, p. 44). O *Compreendente* se estrutura em esferas, em modos, em modalidades (*Weisen des Umgreifenden*). Essas modalidades somos nós (o ser humano), o Mundo e a Transcendência.

[21] Wahl, p. 56.

transitório. O *Ser-aí* não possui nenhum fim último no mundo, nenhuma satisfação sem engano e esquecimento. Como pode ser algo mais e tende a sê-lo, nada mais é que uma "transitoriedade infortunada".[22] O *Ser-aí* é como o subsolo sobre o qual o homem construirá sua existência, porém não é ainda a própria existência.[23] O *Dasein* de Jaspers (não confundir com o Dasein de Heidegger) corresponde ao *l'en-soi* de Sartre e ao *Vorhandensein* (presença no mundo, ser simplesmente dado) de Heidegger.

b) *A Consciência* (Bewusstsein). A segunda dimensão do ser humano é a consciência. "A consciência eleva o homem da dimensão infra-humana do *Ser-aí* e coloca-o no caminho de ser homem."[24]

Consciência é vivência, saber, autoconsciência. É condição da possibilidade da existência. Só é ser para nós aquilo que entra em nossa consciência; o que nela não aparece é como se não existisse.

c) *O Espírito* (*Geist*). O Espírito, a terceira dimensão do ser humano, é real como o *Ser-aí* e interior como o pensamento. Essa terceira dimensão aproxima-nos da medula do ser humano. Procuremos caracterizá-la melhor: o

---

[22] LENZ, p. 61.
[23] KLIMKE-COLOMER, p. 815.
[24] Idem, ibidem.

espírito é o todo harmonizador no pensar, sentir, obrar que se chama ideia. Jaspers considera as ideias como "substância criadora da unidade do *Espírito*". Contemplando e planejando, o espírito atua livremente: é inteligência e vontade. Como observa Lenz: "Jaspers dissolve e desintegra também por completo o homem como *Espírito* em atos e processos".[25]

d) A *Existência* (*Existenz*). Nesse quarto modo de ser, o homem é plenamente homem. A *Existência* é autopossessão, autorrealização. Poderíamos dizer, sem pretender defini-la, que a *Existência* "consiste no descobrimento do ser humano individual e de suas possibilidades".[26] A *Existência* aparece no mundo mediante o *Ser-aí* (*Dasein*), ilumina-se pela *Consciência em geral* (*Bewusstsein überhaupt*), revela seu conteúdo mediante o *Espírito,* mas transcende todos esses três modos de ser: "É o recôndito de onde livremente saio a meu encontro, aquilo em que me constituo a mim mesmo, ao fazer-me entrega de mim mesmo".[27]

Observe-se que a *Existência* não pode converter-se em objeto de uma ciência: "Enquanto *Existência* não sou de modo algum suscetível de ser investigado, não posso saber-me, posso somente chegar a ser realmente ou perder-me".[28]

---

[25] Lenz, p. 63.
[26] Lenz, p. 75.
[27] Lenz, p. 64.
[28] Idem, ibidem.

A *Existência* não é, pois, objetiva. Não pode ser medida. Jamais poderei dizer de mim o que sou. Não podemos conceber a *Existência* como *objetividade*: guardemo-nos, entretanto, de concebê-la como *subjetividade*. "Na realidade, penetra o estrato do ser-objeto e do ser-eu."[29] Oscila pois para os dois lados: para o objetivo e para o subjetivo. Como vemos, a *Existência* é praticamente indefinível. Talvez possamos explicá-la melhor da seguinte maneira: "A existência é o que nunca pode converter-se em objeto, a origem a partir da qual eu penso e obro, da qual falo em movimentos do pensamento que não são conhecimentos...".[30] Esta pseudo definição, entre outras formuladas pelo próprio Jaspers, não esclarece muito o assunto. Na realidade não é possível "emitir um juízo fixo acerca da *Existência*; não há sobre a mesma segurança objetiva, mas só uma segurança imersa sempre na interrogação".[31] Com o que se vai escrever adiante a respeito do *Mundo* e da *Transcendência* talvez se aclare um pouco a ideia de *Existência*.

2) *O Mundo* – O ser que somos nós não pode existir sem o Mundo (do qual somos uma parte) e sem a Transcendência (da qual não temos parte alguma). Digamos duas palavras sobre o *Mundo*.

O *Mundo* é o fundo e a origem da realidade. No *Mundo* e mediante o *Mundo* somos aí. Observe-se, entretanto,

---

[29] BOCHENZKI, p. 205.
[30] Idem, ibidem.
[31] LENZ, p. 75.

que o objeto de conhecimento não é propriamente o *Mundo*, mas somente suas aparências: a cognoscibilidade não atinge a totalidade cósmica.

Os conceitos do *Mundo* podem variar:

> Chama-se *Mundo* aquilo no qual podemos estar em segurança: o próximo, o familiar, a pátria; porém também aquilo que nos pode ser estranho: o outro pura e simplesmente, que nos olha com olhar frio, hostil ou indiferente.[32]

3) *As situações-limites* – Encontramos na nossa vida diversas situações. Melhor: a *Existência* se encontra sempre em uma *situação:* não pode sair de uma sem entrar em outra. Jaspers entende por *situação* uma "realidade para um sujeito interessado nela como um *existente*...".[33] Devemos distinguir entre *situações simples* e *situações-limites* (*Grenzsituationen*). Estas são absolutas, definitivas, necessárias. São obstáculos insuperáveis que impelem o homem para além dos limites do *Mundo*. Jaspers cita como situações-limites: a morte (*Tod*), o sofrimento (*Leiden*), a luta (*Kampf*) e a culpa (*Schuld*).

Nessas situações-limites o homem é levado à própria fronteira de seu ser intramundano e coloca-

---

[32] LENZ, p. 68.
[33] BOCHENSKI, p. 207.

do diante do nada. O homem experimenta que, em uma ordem puramente imanente, lhe é impossível realizar-se em plenitude. Aquele que quer fundamentar-se na imanência acaba em um total *naufrágio* (das Scheitern). *O naufrágio é o último*. Porém esse naufrágio da imanência é o que me tornará possível chegar à Transcendência mediante o salto para a outra margem.[34]

"As situações-limites formam então os grandes temas de uma sinfonia trágica da vida interior."[35]

4) *Transcendência* – Em Jaspers encontramos a palavra *Transcendência* empregada em dois sentidos. Assim é que *Transcendência* serve ora para caracterizar o movimento (movimento de transcendência) que executamos sem cessar para nos excedernos a nós mesmos, para ultrapassar-nos a nós mesmos, ora para significar aquilo que se encontra além do domínio da ciência e do domínio da Existência. Estudaremos aqui a Transcendência nesta segunda acepção tentando dar ao leitor uma ideia aproximada dessa importante categoria do pensamento filosófico de Jaspers. Segundo este o existente ao encontrar-se nas *situações-limites* "sente que há qualquer coisa diferente dele, existente, e de todos os demais existentes:

---

[34] KLIMKE-COLOMER, p. 816.
[35] PAUMEN, p. 214.

é o *domínio da Transcendência*".³⁶ Este domínio situa-se além da *possibilidade*, da *liberdade* e da *escolha*. Sobre tal domínio apenas podemos fazer uma afirmação sem que mais nada possamos dizer ou explicar a não ser por tautologias, círculos viciosos, antíteses, por toda a sorte de circunlóquios.

Assim, além de nós mesmos, descobrimos qualquer coisa pela qual nós existimos, mas a respeito da qual nada podemos verdadeiramente dizer a não ser com o auxílio de absurdidades. É o que Shakespeare, por exemplo, faz-nos perceber quando nos diz: "O resto é silêncio". O resto é o que permanece absolutamente impermeável ao espírito.³⁷

À *Transcendência* não podemos aplicar nenhum predicado, nem mesmo negativo. Não pode ser comparada a ser algum, pois não possui sinal distintivo nem forma. Está oculta, distante, inacessível.

Temos pois que afirmar, conforme a tradição dos místicos, porém com um radicalismo que eles não alcançaram, por uma parte, que todas as categorias do pensamento podem servir para fundamentar negações relativas à Transcendência, porque ela não é nem isto nem aquilo, nem quantidade, nem qualidade, nem una nem múltipla, nem ser, nem nada etc..., e por outra, que essas negações mesmas não nos introduzem, de

---

³⁶ WAHL, p. 68.
³⁷ Idem, p. 69.

nenhum modo, no mistério de uma *Transcendência* que não pode ser conhecida nem pensada, que carece em absoluto de determinação alguma, e da qual unicamente se pode saber que é, sem saber nunca o que é, de modo que *o único enunciado válido da mesma consiste em dizer, com Plotino, que é o que é, ou com o Deus do Antigo Testamento: Eu sou o que sou.*[38]

Toda a tentativa de demonstração da *Transcendência* é, pois, vã e ilusória: nessa tentativa fracassam a razão e a revelação sobrenatural. A *Transcendência* nos fala, embora por meio de uma linguagem cifrada (*Cifra*), no mundo, no homem, na história, no mito, na arte, na poesia, na filosofia.[39] É principalmente a *Cifra* do fracasso que melhor nos dá testemunho da *Transcendência*. Segundo Jaspers, tudo está condenado ao fracasso: é o fracasso universal.

É como se Jaspers nos quisesse dar a entender que o fracasso de todo o ser finito significa a revelação e corroboração suprema da infinitude de Deus, o único ser verdadeiro. Só em um desastre total pode tornar-se visível a nós.[40]

Tocamos a Transcendência mediante a fé. A fé (*Glaube*) de que fala Jaspers não é o que se entende comumente

---

[38] JOLIVET, p. 339.
[39] LENS, p. 72.
[40] BOCHENSKI, p. 211

por fé (adesão firme da inteligência a uma verdade objetiva em virtude da autoridade de um testemunho, especialmente de Deus que se revela). A fé jasperiana é indecisa, flutuante ("não sei se creio nem o que creio").[41] "Não significa um estado permanente, mas uma realização atual",[42] nem é uma fé teológica, mas filosófica. "Jaspers denomina-a fé porque em sua opinião a ciência se move na dimensão do geral e intramundano. A fé, ao contrário, eleva-nos acima do intramundano para o verdadeiro ser da Transcendência".[43] O fundamento da fé, segundo Jaspers, é a já mencionada linguagem *cifrada* (*Chiffre*).

5) *A Comunicação* – O problema da *comunicação* com o outro, ao contrário do que acontece nas filosofias clássicas onde, como problema, é pouco tratado, ocupa um lugar de destaque na Filosofia da Existência. Tentemos, aqui, esclarecer o leitor sobre o que Jaspers entende com o termo *Comunicação*.

Convém lembrar, preliminarmente, que Jaspers distingue diversas classes de Comunicação (como, por exemplo, a comunicação entre os vários Dasein). Aqui falaremos somente da *Comunicação existencial*. "Para Jaspers, a comunicação de surgimento da aspiração última do filósofo."[44]

---

[41] LENZ, p. 85.
[42] KLIMKE-COLOMER, p. 816.
[43] Idem, ibidem.
[44] FOULQUIÉ, p. 111.

Vejamos o processo de surgimento da *Comunicação existencial.* As relações sociais objetivas produzem em mim uma insatisfação porque me nivelam e me despersonalizam no anonimato da massa. Embora sinta o desejo de contar só comigo, percebo que não sou autossuficiente. Necessito de outro como a terra necessita da água para que não fique árida e deserta. Os outros estão em situação idêntica e precisam de mim como eu preciso deles. "A comunicação só é possível por este mútuo conhecimento e esta mútua ajuda entre dois 'eus'".[45] "Assim, o outro será para mim verdadeiramente este outro, captado na singularidade pessoal de seu ser: *entre seu eu e o meu haverá uma espécie de criação mútua...*"[46] A *comunicação existencial* é livre, gratuita, irracional, total, mas *limitada em extensão:*

> É impossível comunicar com muitos homens, e, ainda menos, com todos os homens, pois, se tal fosse tentado, as relações mútuas cairiam na superficialidade mais banal, que exclui até a comunicação.[47]

A comunicação existencial implica a *solidão* e a *união*, supõe o *eu pessoal* e o *ser com os outros*. Não se deve confundir solidão com isolamento nem união com abdicação do *eu pessoal.*

---

[45] JOLIVET, p. 300.
[46] Idem, p. 301.
[47] Idem, ibidem.

Não posso ser uma pessoa sem a comunicação com outro, porém não posso realizar a comunicação a não ser que tenha alcançado a solidão da pessoa. Se repudio a solidão, crio o isolamento, que me isola de toda a comunicação com outro: já não sou um *eu*, mas "todo o mundo", porque o isolamento individual se identifica com a condição gregária.[48]

A fonte mais profunda da comunicação é o *amor:* o amor verdadeiro que se opõe ao *eu reticente do egoísmo*, ao *amor falso* que só obedece aos impulsos do instinto, a *alianças de interesse*.

É o amor, com efeito, o que une, o que faz do eu e do tu, separados na existência empírica, uma só e a mesma coisa na transcendência, e a maravilha do amor é que, ao realizar esta união, leva cada um dos amigos a realizar-se no que tem de mais pessoal e de mais inimitável.[49]

Não há verdadeiro amor sem comunicação, e "o amor e a comunicação avançam ou retrocedem juntos".[50] Segundo Jaspers, há três impedimentos que tornam impossível a comunicação: o fato de encontrar-se alguém em um mundo *inteiramente materializado*, o apego permanente a uma *moral racional* e o *orgulho obstinado*.

---
[48] Idem, p. 302.
[49] Idem, p. 303.
[50] Idem, p. 304.

6) *A liberdade* – Para Jaspers, discutir o problema da liberdade em termos de *determinismo* ou *indeterminismo* é simplesmente um equívoco. A liberdade não é objeto de demonstração nem de refutação.

    Ao mesmo tempo devo renunciar a toda demonstração de minha liberdade. Esta se conhece, porém não se pensa. Quando quero pensá-la, não pode oferecer--se-me senão como um começo sem causa. Ora, um começo assim concebido seria "causa sui", o que é absurdo. *Provar a liberdade é, de ordinário*, aboli-la, já que é relacioná-la a uma causa que a explique e fazer dela um efeito, quer dizer, o que há de mais contrário ao ato livre. Porém, em outro sentido, a liberdade é verdadeiramente um *começo absoluto*, enquanto *sou eu quem elege e enquanto esta eleição se confunde comigo*, na convicção em que eu estou da necessidade original de ser eu mesmo. Alcanço o que sou como possibilidade: *adoto-me a mim mesmo*. Faço-me com todas as minhas forças o que sou e o que quero.[51]

A pergunta sobre se existe ou não a liberdade tem sua origem em mim mesmo, porque quero que ela exista. Esse querer a liberdade já é a própria liberdade: minha ação é o exercício da liberdade. Liberdade existencial é a vontade que se quer a si mesma. A existência é liberdade e dela tomo consciência na decisão *de ser eu mesmo*. O existir, o decidir-se é para mim a certeza da liberdade. Decisão e

---

[51] Idem, p. 327-328.

personalidade são uma só coisa. Note-se que a *eleição* se põe a si mesma e por si mesma no ato que a expressa, não sendo possível justificá-la com motivos. *Ciência, livre arbítrio* e *lei* não se confundem com a liberdade existencial, mas são condições para que a mesma exista. "É evidente que a liberdade supõe o conhecimento do que me acontece no mundo, se não eu me identificaria com o curso dos acontecimentos objetivos."[52] O *livre arbítrio*, embora considerado como um *poder sem conteúdo*, é contudo pressuposto como condição necessária para a liberdade. Quanto à lei

> de acordo com a qual decido e à qual me reconheço ligado, permaneço livre à medida em que, obedecendo-a, submeto-me a um imperativo que descubro em mim. A lei nada mais faz que expressar a necessidade das normas da ação às quais eu posso conformar-me ou não. Porém aqui, *eu transformo a necessidade em liberdade porquanto experimento as normas como idênticas comigo e como evidentemente válidas para mim*, e confiro à sua generalidade o selo de minha personalidade concreta da presença total de meu eu pessoal.[53]

A propósito do significado de *ser livre*, em Jaspers, observa Paumen:

---

[52] Idem, p. 324.
[53] Idem, p. 325.

Ser livre é, em primeiro lugar, recusar-se a crer que seja possível algum dia deter a verdade una e absoluta; é, em seguida, proibir-se de supor que seja permitido atribuir algum dia a um homem, seja quem for, o benefício da infalibilidade; é, enfim, guardar-se de admitir que seja louvável renunciar algum dia "à la foi du moi dans la liberté du toi".[54]

Concluamos esse sumário estudo sobre a liberdade em Jaspers, lembrando que essa *liberdade,* quando atinge seu ponto extremo, "conduz à aparição dessa região em que não há mais possibilidade, onde não há mais *liberdade* e que é a região da *Transcendência*".[55] Estamos então despojados do sentimento de escolha.

7) *A verdade* – Em sua obra *Von der Wahrheit*, Jaspers examina a *verdade* sob diversos ângulos. Sem aprofundarmos o problema, podemos dizer que o conceito jasperiano de *verdade* coincide com o kierkegaardiano:[56] "Aquiescência com o pensamento iluminador da existência". Temos aqui, em vez de uma verdade objetiva, uma sinceridade subjetiva e pessoal. "Na esfera da existência, a *verdade* é singular e subjetiva, porém incondicionada. Não se trata de uma verdade em si, porém de uma verdade para mim. Em uma palavra: uma *verdade existencial.*"[57] "Eu, como existência, sou uma

---

[54] PAUMEN, p. 295.
[55] WAHL, p. 94-95.
[56] LENZ, p. 52.
[57] KLIMKE-COLOMER, p. 817.

verdade", afirma Jaspers. E ainda: "A verdade é nosso caminho". A verdade é concebida como honradez, pureza de alma, reverência ante a realidade, franqueza sem limites; não conhecemos a verdade: somos verdadeiros e devemos sê-lo. O conteúdo da verdade depende de cada existência histórica individual. Jaspers nega que exista um reino permanente e inalterável da verdade que devamos conquistar. "O reino inalterável da verdade se dissolve em proveito de uma autoafirmação cambiante, pela qual os homens afirmam em cada momento sua existência. Diante disso a fé em uma verdade de validez absoluta se torna duvidosa a seus próprios olhos."[58] Jaspers nega igualmente a disjuntiva segundo a qual tudo é forçosamente ou verdadeiro ou falso. Os princípios da contradição e da identidade são considerados superados. A verdade não exclui a falsidade, pois a possui sempre em embrião.

Jaspers não conhece uma posse da verdade, mas somente uma busca contínua da mesma; seu conceito de verdade não é estático, mas dinâmico. Poderíamos falar de uma verdade multidimensional que está sempre em caminho (*auf dem Wege*) e em movimento (*in Bewegung*). Esta verdade "não se completa em nenhuma de suas mais perfeitas cristalizações" (*Kristallisationen*).[59]

Conclusões

Procuremos, agora, sintetizar algumas conclusões sobre o pensamento jasperiano.

---
[58] Lenz, p. 53-54.
[59] Paumen, p. 280.

1) *Jaspers e os demais filósofos da Existência* – Jaspers, comparado com Kierkegaard, possui algo de mais e algo de menos.

De menos, porque a fé de Kierkegaard em Deus pessoal e em Cristo já não é em Jaspers mais que uma débil e pálida fé em um fundo metafísico do mundo, em uma obscura "transcendência". De mais, porque Jaspers substitui o isolamento kierkegaardiano por uma comunicação...[60]

A diferença essencial entre Kierkegaard e Jaspers reside em que o primeiro faz uma escolha (escolhe ser cristão), escolha essa completada pelo reconhecimento da graça de Deus; o segundo nos apresenta uma multidão de possibilidades e, em vez de viver uma escolha particular, prefere definir simplesmente a existência pela escolha. Em Kierkegaard há uma visão determinada, em Jaspers há um esforço para mostrar as diversas possibilidades de visão.[61]

Se compararmos Jaspers com Marcel, veremos que este se encontra mais próximo de Kierkegaard no que tange ao Cristianismo.

O conceito de liberdade de Jaspers se aproxima do de Sartre. Mas a ideia de *comunicação* do primeiro se

---

[60] Lenz, p. 43.
[61] Wahl, p. 37.

diferencia acentuadamente da *luta pela vida* descrita por Sartre.⁶² Enquanto Heidegger pretende responder à questão sobre a *existência em geral*, Jaspers deseja "acantonar-se na descrição das existências concretas que ele distribui em três esferas: o mundo que é objeto de ciência; o 'eu' considerado em sua subjetividade a quem convém propriamente a palavra existência; enfim a transcendência que está além do 'eu' como do mundo e que os outros filósofos chamam Deus".⁶³

2) *Deus e a Religião em Jaspers – Deus*. A *Transcendência é Deus*, mas... em que sentido? Não é fácil esclarecer o assunto. Lemos em Klimke-Colomer:

> A Transcendência se mostra no mundo além de todo o finito e temporal como o Ser infinito e eterno. Trata-se, em uma palavra, da Divindade, do Único e verdadeiro Deus. Porém o homem não chega a essa última realidade pelo saber, mas pela crença. Deus não é objeto de demonstração, nem, muito menos, de experiência. Deus é invisível e não pode ser visto nem demonstrado, mas somente crido.⁶⁴

Jolivet, tentando esclarecer a ontologia do *ser da Transcendência*, isto é, de Deus, chamado por Jaspers o

---
⁶² FOULQUIÉ, p. 111
⁶³ Idem, ibidem.
⁶⁴ KLIMKE-COLOMER, p. 817

Envolvente absoluto ou o Absoluto, observa que, levando-se em conta todas as negações (o *Envolvente* não é o *Grande Todo* do panteísmo, nem a *coisa em si* kantiana, nem o *Deus pessoal da teologia cristã*, nem nada do que se manifesta de maneira alguma ou recebe uma forma qualquer), sua verdade mais essencial é a indeterminação absoluta e como tal não só é "impensável" (como Jaspers repete constantemente com razão) mas simplesmente não pode existir "porque não existe nenhum ser absolutamente indeterminado", um "ser" semelhante é igual a nada.

A teoria de Jaspers se reduz a um monismo puro e simples, porque se o ser é *em si mesmo* indeterminação absoluta, as determinações da experiência não são mais que puras aparências ("aquilo pelo qual o Ser se anuncia"). Na indeterminação absoluta, que diversidade pode ter lugar?[65]

Religião – segundo Jaspers, a religião é, para a Filosofia, um grande mistério. A pretensão de exclusividade de uma fé religiosa é energicamente combatida: o que é verdade para mim pode não sê-lo para outros. Temos aqui um verdadeiro relativismo religioso. Jaspers vê na religião bíblica valores insubstituíveis, embora nela encontre uma "multidão de contradições e oposições polares".[66] Observe-se que as citações bíblicas são frequentíssimas nas obras jasperianas. A filosofia supera, entretanto, a religião

---
[65] JOLIVET, p. 343.
[66] LENZ, p. 90.

bíblica, pois encontra nas religiões da Índia e da China também verdades profundas. Embora tenha escrito que protestaria se dissessem dele que não é cristão, pois todo o seu pensamento está nutrido, alimentado nas forças vivas do Cristianismo, Jaspers nega as realidades básicas do Cristianismo como, por exemplo, a revelação sobrenatural e os milagres, convertendo o Cristo histórico em um mito. Tem razão, pois, Lenz quando emite o seguinte julgamento: "A filosofia jasperiana é certamente *religiosa, porém não cristã*".[67]

3) *Uma filosofia sem soluções* – Jaspers formula perguntas, "desperta o homem de seu sonho dogmático e descobre a insegurança de nossa situação".[68] Não propõe, porém, nenhuma solução determinada.

Lançando um olhar retrospectivo a seu filosofar, Jaspers pode afirmar, resignado: "Cada um de nós chega, como indivíduo, ao final de sua vida sem saber o que propriamente é; para, sem solução definitiva, no caminho que se interrompe bruscamente sem alcançar a plenitude de uma meta absoluta...".[69]

4) *Filosofia da Existência ou Filosofia da Razão?* – Heinemann,[70] em sua obra *Existenzphilosophie, lebendig oder tot?*, assinala que no estádio do filosofar jasperiano

---
[67] Idem, ibidem.
[68] HEINEMANN, p. 77.
[69] LENZ, p. 91.
[70] HEINEMANN, p. 83.

a Filosofia da Existência está morta e que agora o vivo é a Metafísica do Envolvente. A Filosofia Existencial de Jaspers estaria, portanto, "terminada, fracassada, morta". Em 1950 Jaspers rechaçou o título de "Filosofia da Existência", preferindo, agora, a denominação de "Filosofia da razão".[71]

REFERÊNCIAS BIBLIOGRÁFICAS

Observacão: Uma bibliografia excelente sobre Jaspers organizada por Kurt Rossmann encontra-se em *Philosophen des 20. Jahrhunderts. Karl Jaspers* (P.-A. Schilpp), Stuttgart, W. Kohlhammer, 1957.

BOCHENSKI, J. M. *La Filosofía Actual.* Tradução de Eugenio Imaz. Fondo de Cultura Económica, México-Buenos Aires.

DUFRENNE, M. e RICOEUR, P. *Karl Jaspers et la philosophie de l'existnce.* Paris, Editions du Seuil, 1947.

FATONE, Vicente, *Introducción al Existencialismo.* Editorial Columba, julho, 1957, 3ª edição.

FERRATER MORA, José, *Diccionario de Filosofía.* Editorial Sudamericana, Buenos Aires, 1958, 4ª edição.

FOULQUIÉ, Paul, *L'Existencialisme.* Presses Universitaires de France (Que sais-je?), Paris, 1961, 11ª edição.

---
[71] Idem, p. 84.

HEINEMANN, Fritz, *Está viva o muerta la Filosofia Existencial?* Tradução do alemão por Fernando Vela, Revista de Occidente, Madrid.

JOLIVET, Régis, *Las Doctrinas Existencialistas desde Kierkegaard a J. P. Sartre.* Versão espanhola de Arsenio Pacios. Editorial Gredos, Madrid, segunda versão ampliada.

KLIMKE, Federico e COLOMER, Eusebio, *Historia de la Filosofia.* Editorial Labor, S. A., 1961, 3ª edição revisada e ampliada.

LENZ, Joseph, *El moderno Existencialismo alemán y francés.* Original alemão: *Der moderne deutsche und franzoesische Existentialismus.* Tradução espanhola de José Peres Riesco. Editorial Gredos, Madrid.

PAUMEN, Jean, *Raison et Existence chez Karl Jaspers.* Les éditions du Parthénon, Bruxelles.

RICOEUR, P., *Gabriel Marcel et Karl Jaspers.* Paris, Editions du temps présent, 1947.

WAHL, Jean, *Les Philosophies de l'Existence.* Librairie Armand Colin, Paris, 1954.

4

HEIDEGGER, O FILÓSOFO EM BUSCA DO SENTIDO DO SER

Introdução

Depois de Jaspers, Heidegger atrai nossa atenção entre os pensadores que se enquadram dentro do capítulo da História da Filosofia Contemporânea que se convencionou chamar *Filosofia da Existência*.

É bem verdade que dar a Heidegger o apelativo de filósofo da Existência é correr o perigo de cometer um equívoco, pois o próprio Heidegger, apesar do fato de todas ou quase todas as obras dedicadas ao Existencialismo ou à Filosofia Contemporânea o incluirem entre os filósofos da Existência, recusa o título não só de existencialista como de filósofo da Existência.[1] Esta hesitação inicial em classificar o pensamento de Heidegger em uma determinada corrente filosófica já nos sugere a existência das dificuldades que encontraremos

---

[1] Wahl, p. 7; Heinemann, p. 92; Blackhan, p. 86.

na tentativa de sintetizar alguns dos traços essenciais do pensamento do antigo professor da Universidade de Friburgo da Brisgóvia.

Divergem as apreciações dos diversos intérpretes das ideias heideggerianas. Para alguns, o pensador alemão é original, vigoroso, profundo, conciso. Para outros, é, às vezes, demasiadamente enigmático, "o Jano de duas faces da filosofia atual",[2] o sofista "que leva à ruína o ser, a ontologia e a metafísica...".[3]

Uns e outros concordam que Heidegger é um filósofo difícil de entender. Essa dificuldade reside principalmente em duas causas: o vocabulário usado e o fato de estar o pensamento heideggeriano incompleto.

Falemos, preliminarmente, do vocabulário. Heidegger criou uma terminologia própria para poder expressar suas concepções. Essa terminologia "suscita graves problemas de compreensão e, ainda mais, de tradução".[4] "Esta é uma das fontes principais das frequentes interpretações falsas e uma das razões também por que sua filosofia tem sido ridicularizada em certas ocasiões, especialmente por parte dos neopositivistas."[5] Citemos, a propósito, a seguinte observação de Heinemann:[6]

¿Es Heidegger, como afirman los neopositivistas, solamente un artista de la palabra, un reacuñador de todas

---
[2] HEINEMANN, p. 96.
[3] SCIACCA, p. 193.
[4] MARIAS, p. 417.
[5] BOCHENSKI, p. 177.
[6] HEINEMANN, p. 90-91.

las palabras, o es un verdadero pensador? Y en este último caso, ¿qué tipo de pensamiento representa? "Construir, habitar, pensar" fué el título de una conferencia que explicó en Darmstadt el 5 de agosto de 1951, sobre la cual un estudiante me envió una información. Pensar, habitar, construir es, en efecto, una combinación original y sorprendente. Sus preguntas parecen absurdas. Qué es habitar? ¿En qué medida el construir pertenece al habitar? También las respuestas suenan abstrusamente: "Ser hombre significa habitar". "Construir es propiamente habitar." "El construir como habitar se desarrolla como construir en el sentido de procurar y erigir." "El pensar pertenece a su vez al habitar." A pesar de estas respuestas abstrusas, que un positivista podría poner fácilmente en ridículo, esta conferencia, que no podemos analizar aqui en detalle, revela el tipo de su pensamiento. El pensamiento de Heidegger tiene, en efecto, por objetivo construir una concha o mejor un laberinto en que él pueda habitar y dominar en absoluto, porque tiene en su mano el hilo de Ariadna, que le permite volver a encontrar la salida.

O fato de a filosofia de Heidegger estar essencialmente incompleta é outra fonte de dificuldades. Com efeito, Heidegger pode ser considerado um "pensador em formação". De sua obra mais importante (*Sein und Zeit*) apenas foi publicada a primeira metade "seguida de um longo e quase total silêncio, e, finalmente, de escritos mais breves, de caráter e orientação bastante distintos...".[7] Ainda aqui parece-nos oportuno citar Heinemann:

---

[7] MARÁAS, p. 417.

Chegamos a um ponto em que o problema Heidegger se converte em um caso Único. Não conheço nenhum exemplo na História da Filosofia em que um autor, ao chegar a uma fase posterior de sua evolução, interprete de novo sua obra capital, de modo que esta reinterpretação não só contradiga todas as anteriores interpretações mas também o patente sentido do texto original. Isto é exatamente o que ocorre neste caso.[8]

A posição de Heidegger em face do problema da verdade ilustra bem a supracitada observação de Heinemann. Com efeito, escreve Jolivet:[9]

> Heidegger voltou a considerar a questão da verdade em um estudo sobre a *Essência da verdade* (Vom Wesen der Wahrheit), publicado em 1934 (Vittorio Klostermann Verlag, Francfort del Mein, in 8º de 32 páginas) e que reproduz uma conferência repetida várias vezes por Heidegger entre 1930 e 1932. Este estudo modifica profundamente a doutrina de *Sem und Zeit* (e pode dar a razão por que Heidegger renunciou a publicar a segunda parte de sua grande obra). É difícil resumir em poucas palavras a nova posição de Heidegger".

Diante de tudo isso, o leitor já terá percebido como é difícil caracterizar a filosofia de Heidegger e, ainda mais, traçar-lhe as linhas gerais. Podemos, entretanto, sem receio de errar, afirmar que o tema central do pensamento heideggeriano é a indagação em torno do ser. O alvo dessa

---

[8] HEINEMANN, p. 97.
[9] JOLIVET, p. 127.

filosofia é construir uma teoria do Ser, uma ontologia geral. Ferrater anota: "A filosofia de Heidegger é aparentemente uma filosofia da Existência. Porém a interpretação da Existência não é mais que uma preparação para a resposta à pergunta, mais ampla, acerca do ser".[10] Heidegger é pois o *filósofo em busca do sentido do Ser*. Nessa busca, seu pensamento passou por algumas etapas. R. Kroner[11] assinala quatro:

1) A que culmina em *Ser e Tempo*, abandonada já ao terminar esta obra em seu 1º volume e ao publicá-la em 1927; esta fase pode caracterizar-se como a "filosofia da morte".

2) A fase iniciada imediatamente depois e representada por sua conferência de 1929 sobre o que é a metafísica; esta fase pode caracterizar-se como a "filosofia do nada".

3) A fase representada por sua conferência sobre a verdade, pronunciada em 1930 e publicada em 1943, por sua introdução e epílogo à conferência sobre o que é a metafísica e possivelmente por suas lições de 1935 – publicadas em 1953 – sobre introdução à metafísica; esta fase pode caracterizar-se como "a filosofia do ser" e, de certo modo, como "a filosofia da liberdade", pois se baseia no suposto de que "sou livre enquanto o ser está em mim".

4) A fase iniciada aproximadamente em 1936 e revelada na Carta sobre o humanismo em 1942; esta fase pode caracterizar-se como uma fase poético-religiosa e até profética e denomina-se "a filosofia do sacrifício e da graça". Seja o que for, observa

---

[10] FERRATER, p. 629.
[11] Idem, p. 631.

Ferrater,[12] "quanto à organização das etapas do pensamento de Heidegger, é certo, em todo caso, que há uma diferença bem marcada entre o Heidegger do *Ser e Tempo* e o Heidegger posterior, que culmina no que se chamou 'os Últimos escritos'. Esta diferença aparece especialmente nos modos distintos mediante os quais o filósofo propõe o problema do ser".

1. TRAÇOS BIOGRÁFICOS E OBRAS

Martin Heidegger nasceu em Messkirch, no Estado de Baden, no ano de 1889. Estudou na universidade de Friburgo de Brisgóvia, onde se graduou em Filosofia com a tese "Die Lehre vom urteil im Psychologismus. Ein kritisch-positiver Beitrag zur Logik" (A teoria do juízo no psicologismo, uma contribuição crítico-positiva à lógica). Em 1916, na mesma universidade de Friburgo, Heidegger habilitou-se como professor com uma tese a respeito da teoria das categorias e da significação de Duns Scoto: "Die Kategorien und Bedeutungslehre des Duns Scotus". Esta tese foi sua primeira obra importante, e é muito significativo o fato de haver Heidegger escolhido para objeto de seu estudo um filósofo medieval que representou, em sua época, "frente a S. Tomás de Aquino, a volta do objetivo ao subjetivo, da essência geral ao indivíduo, do pensamento à experiência, do intelectualismo ao voluntarismo"[13].

---

[12] Idem, ibidem.
[13] LENZ, p. 93.

Em 1923 Heidegger foi nomeado professor de filosofia em Marburg, onde escreveu e publicou, em 1927, sua obra fundamental, *Sein und Zeit* (Ser e Tempo). Em 1928 foi chamado para lecionar em Friburgo, onde substituiu seu velho mestre Husserl. Em 1933 foi eleito reitor, tendo, porém, renunciado ao cargo pouco depois. Em 1945 foi afastado da cátedra por motivos políticos, voltando a ocupá-la posteriormente.

Alguns autores costumam distinguir duas etapas na obra de Heidegger: na primeira, chamada *existencial,* o pensamento do filósofo vai da existência humana ao nada. Na segunda, chamada *ontológica*, o pensamento vai do nada ao ser.

> Entre ambas etapas ha querido verse un hiato. En realidad se trata más bien de una diferencia de punto de vista en el seno de una evolución unitaria. El hilo profundo que da esa unidad al pensamiento de Heidegger es su problema central: la pregunta en torno al ser.[14]

Obras da primeira etapa

1927 – *Sein und Zeit* (Ser e tempo). Sua obra mais importante.

1929 – *Kant und das Problem der Metaphysik* (Kant e o problema da Metafísica). Este trabalho causou, na época, grande sensação.

1929 – *Vom Wesen des Grundes* (Da essência do fundamento).

---

[14] KLIMKE-COLOMER, p. 820.

1929 – *Was ist Metaphysilc?* (Que é Metafísica?). Aula inaugural em Friburgo.

Obras da segunda etapa

1937 – *Hoelderlin und das Wesen der Dichtung* (Hölderlin e a essência da poesia).
1942 – *Platons Lehre von der Wahrheit* (Doutrina de Platão sobre a verdade).
1943 – *Vom Wesen der Wahrheit* (Da essência da verdade).
1944 – *Erläuterungen zu Hoelderlins* Dichtung (Interpretações da poesia de Hölderlin).
1947 – *Brief über den Humanismus* (Carta sobre o humanismo).
1950 – *Holzwege* (Caminhos do bosque).
1953 – *Einführung in die Metaphysik* (Introdução à Metafísica).
1954 – *Was heisst Denken?* (Que é pensar?).
1954 – *Vorträge und Aufsätze* (Conferências e artigos).
1955 – *Zur Seinsfrage* (Sobre a questão do ser).
1957 – *Der Satz des Grundes* (O princípio do fundamento).
1957 – *Identität und Differenz* (Identidade e diferença).

2. Fontes do pensamento filosófico de Heidegger

Antes de apontarmos, brevemente, as principais influências que se fizeram sentir na elaboração do pensamento filosófico de Heidegger, convém acentuar que a originalidade é uma das características do autor de "Ser e Tempo". Repitamos, aliás, o que já alhures escrevemos: para o existencialista, mais que para outro filósofo, a doutrina é, de certo modo, a expressão de sua existência. Este subjetivismo explica o forte sabor de experiência pessoal que encontramos na leitura das obras existencialistas.

Apesar do inegável cunho de originalidade, encontramos em Heidegger múltiplas influências, o que explica, pelo menos em parte, a complexidade de seu pensamento. Dentre os pensadores da Antiguidade bastante familiares a Heidegger, podemos citar como influentes Aristóteles, Platão e Santo Agostinho. Aristóteles (de quem dá uma interpretação muito pessoal) e Platão foram utilizados por Heidegger não tanto como inspiradores, mas antes como motivo crítico.[15]

Entre os filósofos modernos podemos mencionar: a contribuição de Descartes, Kant, Hegel e, de modo especial, Kierkegaard, Nietzsche, Scheler, Husserl e Dilthey.

A base de sua Filosofia está a Fenomenologia de Husserl, que o discípulo, de conformidade com a última evolução do mestre, aplica à existência humana e transforma, por influxo de Dilthey, em uma hermenêutica existencial.[16]

Ademais, sua temática se inspira fortemente em Kierkegaard.[17]

---
[15] SCIACCA, p. 192.
[16] KLIMKE-COLOMER, p. 820.
[17] BOCHENSKI, p. 176-177.

Jean Wahl observa

que precisamente a mescla de elementos subjetivos kierkegaardianos com tendências objetivas e ontológicas é o que confere à filosofia heideggeriana sua tonalidade característica.[18]

Sciacca anota:

Porém não se entende completamente Heidegger sem relacioná-lo, não só com Kierkegaard, mas também com a mística e com o romantismo alemão e com seus aspectos mais destrutivos e mórbidos, com o voluntarismo irracionalista de Schopenhauer, com a atmosfera protestante da Alemanha, com seu panteísmo turvo e obscuro, que vê sempre na destruição e na morte o sentido tenebroso da vida, a qual oscila, segundo seja teológico ou mundano, entre o "pecado" e a "fortuna"...[19]

A todas essas influências poderíamos acrescentar a contribuição de dois poetas: Hölderlin e Rilke.

3. O PENSAMENTO DE HEIDEGQER

1. *O Vocabulário* — Já acentuamos que, como veículo de seu pensamento, Heidegger emprega uma termi-

---

[18] LENZ, p. 112.
[19] SCIACCA, p. 193.

nologia estranha que, não raro, dificulta a compreensão de suas idéias. Antes de tentarmos apresentar alguns dos pontos principais dessa filosofia, vamos citar, meramente a título de curiosidade, exemplos desse curioso vocabulário heideggeriano.

Das Sem: o ser em geral.
Das Seiende: o existente bruto, o ente.
Das Wesen: a essência.
Das Dasein: o ser-aí, o ser singular concreto.
Das In-der-Welt-sein: o ser no mundo.
Das Mit-semn: o ser-com. O *Dasein* em relação com os demais *Dasein*.
Die Existenz: a existência.
Das Vorhandensein: ser do existente-coisa enquanto coisa.
Das Zuhandensein: ser do existente-utensílio enquanto utensílio.
Sein-zum-Tode: ser para a morte.
Sein-zum.Ende: ser para o fim.
Sein-koennen: pode ser.
Das Sein-bei: o ser-arrojado-aí.
Das Nicht-Seiende: a negação, o não de tudo o que existe.
Weltlichkeit: mundanidade.
Umwelt: o mundo circundante.
Die Welt als Wel: o mundo como mundo, o mundo em estado puro etc.

2. *O problema do Ser* – Já vimos que o alvo de Heidegger é construir uma teoria do Ser, isto é, uma ontologia geral. O problema central do pensamento heideggeriano é a *busca do sentido do ser: "Die Frage nach dem Sinn von Sein.* A grande tarefa do filósofo é, pois, elucidar a ideia do Ser. O Ser está em toda parte, é comum a tudo, engloba tudo. Não podemos considerá-lo de um ponto de vista externo, pois ele se encontra em nós mesmos que formulamos a questão sobre seu sentido, isto é, sobre o sentido do Ser. Claro está que a formulação de tal problema é um indício de que possuímos uma vaga ideia do ser por uma apreensão espontânea e imediata. Tal ideia, entretanto, é obscura, até mesmo confusa. Heidegger chama-a "concepção pré-ontológica".

Para elucidarmos a *ideia do Ser* devemos usar não uma demonstração (porque é impossível referir o Ser, enquanto Ser, a outro ser, como se o Ser tivesse o caráter de um possível),[20] mas uma apresentação (*Aufweisung*), isto é, o método fenomenológico. Aqui Heidegger recorre à fenomenologia de seu mestre Husserl, para ir às *coisas mesmas* (*zu den Sachen selbst*). Em que consiste, mais precisamente, o método fenomenológico de Husserl? Bochenski[21] assim expõe breve e simplesmente:

> É necessário avançar para *as coisas mesmas*. Esta é a regra primeira e fundamental do método fenome-

---

[20] JOLIVET, p. 91.
[21] BOCHENSKI, p. 152.

nológico. Deve-se entender por "coisas" simplesmente o dado, aquilo que "vemos" estar diante de nossa consciência. Este dado se chama *fenômeno* no sentido de que é *phaínetai,* de que aparece, é patente a consciência. A palavra não quer dizer que se esconda atrás do fenômeno algo desconhecido. A fenomenologia não indaga isto, encaminha-se unicamente ao *dado,* sem pretender decidir se este *dado* é uma realidade ou um mero fenômeno: em todo caso, *está, é dado* (Os quatro últimos grifos são nossos).

O método fenomenológico não é nem dedutivo nem empírico. Consiste em *mostrar* aquilo que se acha presente e em *esclarecer* isto que se nos dá. Não explica mediante leis nem deduz à base de princípios, mas vê, imediatamente, o que se acha ante a Consciência, seu objeto.[22]

Observe-se, entretanto, que Heidegger, sob os protestos de Husserl,[23] introduziu modificações no método fenomenológico:

> Sin embargo, Heidegger se separa de Husserl en um punto capital. Este, en efecto, se propone colocar la existencia entre paréntesis, para dedicarse únicamente a determinar la estructura de los fenómenos y su modo de aparición ante la conciencia trascendental. Heidegger, por el contrario, orienta toda su investiga-

---
[22] Idem, ibidem.
[23] JOLIVET, p. 429.

ción hacia la determinación de la existencialidad. Las dos doctrinas van, pues, a seguir caminos completamente divergentes.[24]

Heidegger distingue entre o *Ser* (Sein) e o existente (das Seiende); entre o domínio do Ser (domínio ontológico) e o domínio do existente (domínio ôntico).

O ontológico se refere àquilo que faz com que o existente *seja* o que é, à realidade mais profunda, à sua estrutura fundamental. O ôntico compreende o existente simplesmente como ele é, tal qual é dado: designa *aquilo que é*.[25]

Essa diferença entre Ser e ente é fundamental para a compreensão das ideias de Heidegger.

Desde los dias de *Ser y Tiempo* no ha cesado Heidegger de repetir que no hay que concebir al ser como un nuevo ente entre los entes: "El ser del ente no es él mismo un ente". La diferencia ontológica no debe ser entendida como una diferencia entre ente y ente, sino que consiste en que los entes son lo que son, en virtud del ser que los trasciende. El ente se distingue del ser como lo fundado se distingue del fundamento. La diferencia ontológica formula así la distinción radical entre el ser y el ente y al mismo tiempo su mutua implicación, ya que "el ser no se da jamás sin el ente; el ente no es jamás sin el ser".[26]

---

[24] Idem, p. 94.
[25] CORVEZ, p. 4.
[26] KLIMKE-COLOMER, p. 830.

O Ser está, pois, em tudo, mas não está do mesmo modo: há diversas maneiras de ser, diversos tipos de existentes: o da coisa, o do instrumento, o do ser humano etc. O existente que nós somos, o ser determinado que é o nosso, é o ponto de partida da ontologia geral. Através da análise do ser da existência humana começaremos o exame do Ser.

Hay que preguntar, pues, por el sentido del ser. Naturalmente hay que preguntárselo a un ente. Cuál puede ser este ente excelso y singular, a quien podemos dirigir la pregunta? En qué ente puede ser leído el sentido del ser? Este ente no puede ser sino el mismo que pregunta. En una palabra, en la pregunta sobre el sentido del ser nosotros mismos somos los preguntantes y los preguntados. Nuestro privilegio como hombres consiste en que somos el *ente ontológico*, es decir, el ente cuya prerrogativa y preeminencia sobre los otros entes estriba en esa su comprensión del ser; fuera de esta relación comprensora del ser no hay hombre.[27]

O ser particular que nós somos recebe de Heidegger o nome de *Dasein* (o ser-aí). Este *Dasein* deve ser examinado em todos os seus modos de existir concretamente: o homem na sua totalidade deverá ser submetido à análise.

---

[27] Idem, p. 821.

3. *Análise do "Dasein"* (O ser singular concreto) – Examinando o ser humano, encontramos as seguintes características essenciais:

a) O "ser" do homem se distingue fundamentalmente do "ser" das coisas. O homem não pode ser comparado a um *exemplar* de determinada categoria. Cada homem é um ser diferente marcado pela *incerteza* ("a incerteza é sua lei"),[28] pela *instabilidade*. Todo homem é capaz de dizer: *eu*. O *Dasein* é um ser personalizado: o *Dasein* é sempre o *eu*. "Este *eu* não é uma substância. Sob o fluxo da mudança psicológica não se esconde nenhum substrato imóvel. Simplesmente, ser um eu é estar voltado para suas possibilidades."[29]

b) O ser do homem é uma fonte de possibilidades, é um *Seinkoennen* (poder ser). "O *Dasein* é a possibilidade concreta total de minha existência",[30] o que equivale a dizer que a existência tem prioridade sobre a essência. Jolivet chama a atenção para o fato de que "Heidegger não diz que a existência precede a essência (como se expressa J. P. Sartre), mas somente que tem uma 'preeminência' (*Vorrang*) sobre a essência".[31] Projetado em suas próprias possibilidades, o homem é um "projeto" (*Entwurf*).

---

[28] CORVEZ, p. 6.
[29] Idem, p. 7.
[30] JOLIVET, p. 96.
[31] Idem, ibidem.

c) A *liberdade* é outra característica fundamental do ser humano. Não se entenda, entretanto, liberdade no sentido clássico de livre arbítrio. É antes

uma determinação que o *Dasein* se impõe a si mesmo. Eu mesmo decido minha maneira de ser, tomando partido pró ou contra algumas de minhas possibilidades próprias. Assim, eu me escolho em meu ser e sou responsável por mim. Pois de mim dependem, de uma parte, a riqueza e amplitude de minha visão do mundo. Irredutivelmente, eu sou um eu, mas posso recusar-me a mim mesmo, optando por uma possibilidade inautêntica de meu ser.[32]

4. *Das In-der-Welt-sein* (O ser no mundo) – *O ser no mundo* é o primeiro *existencial* que Heidegger encontra. O *Dasein* está essencialmente vinculado ao mundo. Esta vinculação necessária deve ser concebida num sentido dinâmico: ela está constituída pela *múltipla atividade humana*. Façamos, preliminarmente, um breve estudo sobre o mundo (*Welt*) e, depois, sobre a estrutura do *ser no mundo*.

a) O mundo – Vejamos, pois, o que constitui o *mundo como tal*, isto é, sua *mundanidade* (die *Weltlichkeit der Welt*). Vivemos no mundo preocupados com os *utensílios,*

---

[32] CORVEZ, p. 7.

com os *instrumentos,* isto é, com tudo aquilo que nos pode servir, que nos é útil (*Zeug*). Tais utensílios são o que existe mais próximo a nós (*zunächst Zuhandene*). O utensílio só se revela como tal quando é usado, isto é, o *ser do utensílio,* sua *maneira específica de ser* está relacionado com o homem por sua *utensilidade* (*Zeughaftigkeit*). É um *ser à mão* (*Zuhandensein*). O utensílio não se relaciona só com o *Dasein,* mas também com a matéria de que (*Woraus*) foi feito e com a possibilidade de servir para alguma coisa, possibilidade essa precisada pelo destino concreto do utensílio. (Esclareçamos as relações do utensílio com um exemplo: o martelo só nos é conhecido como martelo quando o utilizamos; o martelo se relaciona com a matéria de que foi feito; o destino concreto do martelo é martelar.)

Um utensílio relaciona-se com outro utensílio, que por sua vez, relaciona-se com outro mais, e assim por diante, formando um conjunto de relações, um complexo (*Zeugganzes*).

O complexo sintético dos utensílios enquanto os mesmos se indicam uns aos outros, segundo círculos cada vez mais vastos, acaba por envolver uma totalidade, que nada mais é que o conjunto das relações referenciais. Este conjunto instrumental forma uma estrutura: a *Bedeutsamkeit* (*be-deuten,* referência indicadora). É nesta estrutura global, sistema dos sistemas, que o mundo como tal se anuncia a nós.[33]

---

[33] Idem, p. 18.

Cada um de nós possui seu mundo particular, habitual: é o mundo de nossos interesses e preocupações particulares, o mundo que nos cerca (*Umwelt*). Através deste mundo particular penetramos no mundo comum a todos: o *mundo,* pura e simplesmente. O *Dasein* é o centro necessário do sistema dos utensílios e das relações que os mesmos significam; é o termo último de todas as referências, *não se referindo ele próprio a mais nada.*

"O sistema do mundo existe para o *Dasein,* mas este não existe para o sistema, embora, já que está no mundo, tenha necessidade deste sistema para ser e esteja essencialmente ligado ao mesmo."[34]

Descobrimos os utensílios através de nossas possibilidades Voluntárias e, assim, conferimos aos objetos intramundanos seu sentido e sua inteligibilidade. É pois o *Dasein* que faz com que esses objetos "sejam".

Como yo soy mis posibilidades, el orden de los utensilios intramundanos es la imagen proyectada de mis posibilidades, es decir, de lo que yo soy. *El mundo es, pues, aquello a partir de lo cual el Dasein anuncia o que es.* El ser del mundo como tal, es una determinación *existencial* (ontológica) del *Daisen*.[35]

---

[34] CORVEZ, p. 24.
[35] JOLIVET, p. 101.

Podemos, pois, concluir: o mundo é uma certa realização do *Dasein;* é, de certo modo, o próprio *Dasein.*

O mundo não é um existente. Não está nas coisas, mas no horizonte das coisas. Designa antes um modo de ser do existente, e do existente em seu conjunto, que este existente mesmo. Este modo de ser é absolutamente original. Na verdade, o mundo não é nunca: ele se torna, ele se "mundifica" (*Welt ist nie, sondern weltet*). Ele mesmo é relativo ao *Dasein.* É um atributo do *Dasein* (*ein Charakter des Daseins selbst*): o ser do mundo é ele próprio uma determinação de ser do *Dasein.*[36]

Conexo com o conceito do *mundo* está o problema do espaço. Lembremos, preliminarmente, que a disposição mútua dos utensílios, sua distância e sua orientação pressupõem a *região* (*Gegend*). O Dasein desempenha uma função "espacializante". Que significa isso? Significa que,

> estabelecendo o complexo das referências, o *Dasein* preocupado descobre, ao mesmo tempo, a *espacialidade,* isto é, a região e o lugar de cada utensílio. Todo *Dasein* revela, assim, a espacialidade de seu mundo circundante. Enquanto o espaço torna possível o encontro do utensílio, o Dasein atribui o espaço

---

[36] CORVEZ, p. 25.

(*Einräumen*) a este utensílio e manifesta a espacialidade própria deste.[37]

Esta espacialidade possui o duplo caráter da *aproximação* e da *estruturação:* "Com efeito, o *Dasein* tende constantemente a integrar em seu mundo circundante o maior número possível de objetos e, por conseguinte, a suprimir a distância".[38] *Ser-aí, utensílios, espaço* já nos auxiliam a conceituar o *mundo*. Este mundo, entretanto, não está povoado somente de utensílios. Há outros seres semelhantes a nós: *os outros*. Enquanto os utensílios nos servem, os outros nos acompanham. "Meu existir é, consequentemente, *ser-em-comum* (*Mitsein*). Meu mundo é propriamente um *co-mundo* (*Mitwelt*). E o próximo, no fundo, não é outro, mas *comigo* (*Mitdasein*).[39] Eu sou um *ser-com* (*Mit-sein*) aberto aos outros. Graças ao *Mit-Sein* descubro o outro como coexistente. Meu próximo é o *Mitdasein*. O *Mitdasein* se refere aos outros que estão comigo. A atitude do *Dasein* em relação aos próximos, isto é, aos demais homens, é caracterizada pela solicitude (*Für-Sorge*). Esta expressão inclui as diferentes formas de comportamento para com os outros: o ódio, a indiferença, o amor. Heidegger observa, não sem certa ironia, que os tipos mais frequentes de atividade do homem relacionada com o próximo são negativos: passar ao largo, fugir, opor-se etc.

---

[37] Idem, p. 28.
[38] JOLIVET, p. 103.
[39] KLIMKE-COLOMER, p. 824.

Observe-se que a atitude do homem em relação aos demais seres intramundanos (exceto o homem) recebe o nome de preocupação (*Besorgen*).

b) A estrutura do *ser-no-mundo* – Examinando, agora, melhor, a estrutura do *Dasein,* encontramos algumas características ontológicas fundamentais (existenciais): a *disposição afetiva,* a *compreensão,* a *fala* e a *queda.* (Nota: os caracteres de ser, quando se retêm ao *Dasein,* são chamados *existenciais;* quando correspondem às outras modalidades do ente, recebem o nome de *categorias.*)

1) *Disposição afetiva (Befindlichkeit,* também traduzida como sensibilidade, sentimento de sua situação original)[40] – Heidegger entende por "Befindlichkeit" a impressão repentina que sentimos de encontrar-nos no mundo como um ser lançado ai, abandonados à nossa sorte entre os demais existentes. Estamos ai, sem sabermos de onde ou para onde. Temos que existir, que assumir a existência como uma carga pela qual não respondemos. Este fato de abandono a nós mesmos, Heidegger chama *"Geworfenheit"* (derelicção).

Eu sou, com efeito, arrojado ao mundo sem nenhuma opção de minha parte, de tal maneira que o sentimento de abandono e de solidão adere à mi-

---

[40] JOLIVET, p. 109.

nha existência como a expressão mais profunda de sua natureza e a acompanha sempre. Por isso, sinto que a existência não poderia ser nunca para mim mais que o fruto de urna conquista em meio de uma luta que não acabará. Porém isto raramente é reconhecido: reconhecer a derelicção como a verdade fundamental da existência é próprio do existir autêntico.[41]

Através da *disposição afetiva* vejo não somente o que eu sou, mas que *devo ser*, sinto a obrigação vital de realizar-me. Meu ser me é dado como um *dever-ser* (*Zu-sein*).

2) *A compreensão* (*Verstehen*) – (Jolivet traduz *Verstehen* por interpretação, observando: "Convém, com efeito, distinguir bem o existencial que Heidegger designa como *Verstehen* (interpretação) das noções correntes de *compreensão* e de *explicação*).[42]

Um segundo momento estrutural do *Dasein* é a *compreensão* que acompanha sempre a sensibilidade. O conceito de *compreensão* torna-se mais claro se lembrarmos que o *Dasein* aparece sempre como um *poder-ser*. "É o que pode ser e existe segundo o modo de suas possibilidades." O *Dasein* tende sempre para o futuro, compreende-se como uma possibilidade lançada ao mundo, como um *projeto* (*Geworfener Entwurf*). Nesse domínio de possibilidades

---
[41] Idem, p. 110-111.
[42] Idem, p. 112.

é que se move a *compreensão:* "Heidegger explica este caráter da compreensão dizendo que ela mesma é projeto (Ent-wurf)".

Compreender o mundo e a si mesmo (à revelação simultânea do mundo e de si mesmo, Heidegger chama *Erschlossenheit*) equivale a viver sua situação na realidade deste mundo. Compreender uma coisa é ter possibilidade em relação a essa coisa.

O homem arroja ante si suas próprias possibilidades para realizá-las e construir-se a si mesmo e a seu mundo. E dado que esse projetar se realiza no seio da derelicção, o homem se compreende como uma possibilidade arrojada ao mundo, como um projeto.[43]

3) *A fala* (*Die Rede*) – A *fala* constitui um terceiro modo de inserção do *Dasein* no mundo. *Die Rede* é a *palavra* num sentido bem amplo. Jolivet[44] traduz *Rede* por discursividade, definindo-a "como o instrumento pelo qual organizamos ou articulamos entre si os objetos intramundanos, conferindo-lhes um sentido, e ao mesmo tempo organizamos e articulamos a interpretação de nosso próprio *Dasein*". Poder elaborar o sentido (*Sinn*) e estruturar o pensamento, ordenando-o dialeticamente, eis em que consiste a fala.

---

[43] KLIMKE-COLOMER, p. 11.
[44] JOLIVET, p. 115.

Sentido é tudo o que se articula na compreensão: é seu conteúdo organizado. As coisas só adquirem um sentido como matéria de nossas possibilidades. O *Dasein* descobre o sentido das coisas.

Observe-se que o *sentido* não se confunde com determinada propriedade possuída pelo objeto, mas é tudo o que este objeto é pura e simplesmente.

Da *Rede* (Fala, palavra, discursividade) resulta a *linguagem,* através da qual aquela se exprime ordinariamente. A *linguagem* é, pois, a concretização da *Rede*.

El lenguaje es la expresión exterior de la discursividad, que estructura el mundo componiéndolo de "miembros" afectados de una significación, y del carácter de "ser-con" del Dasein. *El Dasein es necesariamente diálogo,* porque su existir mismo es dialéctico, constantemente relativo a los "otros", que constituyen juntos el mundo del Dasein.[45]

"O diálogo é uma troca que implica presença atual a uma mesma realidade. Ele quer unir-nos, sem confundir-nos, em uma intenção comum."[46]

4) *A queda* (*Verfallen*) – A conversa cotidiana é a palavra inautêntica. Absorvido pelo mundo, o homem sofre

---

[45] Idem, ibidem.
[46] CORVEZ, p. 45.

uma queda, uma degradação (*Verfallen*). No estado de degradação, o homem é dominado pela *loquacidade* (que em vez de atender à verdade, atende simplesmente ao que os outros dizem), pela *curiosidade* (ver, simplesmente por ver, sem penetrar a realidade do ser), pela ambiguidade (que nos impossibilita distinguir o autêntico do inautêntico). O sujeito dessa existência inautêntica é o "um" impessoal, o "se" (*das Man*).

> Este "Se" ("se" hace, "se" dice...) no es nadie en concreto ni tampoco todos los hombres juntos. Sus rasgos característicos consisten en que procura la medianía y posee una tendencia a la nivelación.[47]

A existência inautêntica (*Uneigentlichkeit*) do *Dasein* é como um alheamento de si (*Entfremdung*)

> no en el sentido de que el *Dasein* sea arrancado a si mismo, sino en el sentido de que ha perdido sus propias posibilidades. Pero esto mismo no consiste en pasar a un ser distinto del propio, ya que el Dasein realiza así un modo de ser que le es posible. *El Dasein se mueve por entero dentro de sí mismo*. Sólo que el movimiento de caída que llamamos enajenación permanece oculto para él y puede incluso manifestársele bajo el aspecto de un acceso a una vida más alta, a la vida "plenamente concreta y plenamente real". Por

---

[47] BOCHENSKI, p. 182.

el contrario, la existencia auténtica no será un salto a un mundo exterior al del Dasen cotidiano, sino únicamente una manera diferente de comportarse en él y de captarlo.[48]

5) *Angústia e Cuidado* (*Angst* e *Sorge*). O *Dasein* pode superar a existência inautêntica (*Uneigentlichkeit*) e passar à *existência autêntica* (*eigentliche Existenz*).

Para compreendermos essa passagem, vamos explicar, brevemente, os conceitos de angústia (*Angst*) e de cuidado (*Sorge*). A *angústia* "expressa o sentimento mais profundo do *Dasein,* aquele que é o princípio e fonte de todos os demais (vontade, ânsia, desejo, inclinação, impulso), porém que permanece velado e oculto sob as aparências do cuidado".[49] Distingue-se a angústia do medo porque enquanto este é sempre o temor de algo concreto que nos ameaça, aquela não é determinada por nenhum objeto definido.

Na angústia, ao contrário, o perigo é algo vago que anda por ai bem próximo de nós quase a nos tirar a respiração, mas que "a pesar de todo es nada".[50] Angústia e nada estão sempre unidos.

Y es que en la angustia el hombre se angustia ante su propio ser y por su propio ser en cuanto poder-ser en el mundo. En la angustia el hombre se siente oprimido por una suerte de deslizamiento de la totalidad del *ente*

---

[48] JOLIVET, p. 119.
[49] Idem, p. 121.
[50] KLIMKE-COLOMER, p. 826.

hacia la nada. El mundo y los otros no tienen nada que ofrecer.[51]

Isolado, abandonado, o homem se converte em um desabrigado sem lar (*Unzuhause*).

Vimos que a angústia expressa o sentimento mais profundo do *Dasein*, oculto sob as aparências do cuidado. Vejamos, agora, brevemente, o que é cuidado. Cuidado é o ser do *Dasein*. É tudo o que o *Dasein* faz, deseja, conhece. É a unidade dos elementos constitutivos do *Dasein* estudados anteriormente.

La unidad de las estructuras anteriores se realiza en el cuidado. En efecto, los análisis anteriores nos han manifestado al hombre como una posibilidad" (existencia, comprensión, proyecto) arrojada al mundo (ser-ahí, sensibilidad, derelicción), en el que ordinaria y primariamente se ha perdido (uno, inautenticidad, caída).[52]

Como *cuidado*, o *Dasein* se define: "um ser antecipante que já está lançado e abandonado em um mundo no qual se perdeu", e comporta três elementos: o *ser-previamente* (Das *sich-vorwegsein*), o *ser-já-no-mundo* (Das *sich-vorweg-schon-sein*) e o *ser-lançado-aí* (Das *Sein-bei*).

Expliquemos, brevemente, cada um desses termos estranhos.

---

[51] Idem, ibidem.
[52] Idem, p. 825.

Das sich-vorweg-sein: o ser do *Dasein* aparece, assim, enquanto é *Sein-können*, isto é, um *poder ser*. Este elemento evoca a *compreensão*. Tender para suas próprias possibilidades no projeto é o que Heidegger chama *antecipar-se a si mesmo*.

Das sich-vorweg-schon-sein: o homem que se antecipa a si mesmo, já está sempre arrojado ao mundo; este segundo elemento se relaciona com a *disposição*.

Das sein-bei: é o ser entre os existentes, o ser no interior do mundo, o ser da *degradação*.

O estudo do *cuidado* leva-nos a falar da *temporalidade*.

6) *A temporalidade (Zeitlichkeit)* – O cuidado supõe uma realidade fundamental: a temporalidade. O *Dasein* é um processo de temporalização *(Zeitigung)*. O homem está entretecido no tempo. Qualquer que seja a modalidade de existência adotada, o *Dasein* refere-se necessariamente a um futuro, a um passado e a um presente. Esses três momentos são chamados por Heidegger "êxtases da temporalidade" *(Ekstasen der Zeitlichkeit* – do grego *ékstasis*).

O Dasein leva consigo o futuro *(Zunkünftig)* enquanto se compreende como projeto, enquanto corre para a morte. A compreensão se fundamenta no futuro. O homem é, em seu ser, fundamentalmente futuro.

O homem não pode ir para o futuro sem volver-se antes para o passado devido à correlação entre a *culpabilidade* e o *correr para a morte*. Para aceitar a culpabilidade (veremos logo adiante em que consiste esta culpabilidade), o *Dasein* deve voltar-se para o que sempre foi. "Essa capacidade de reversão constitui o passado."⁵³ O fenômeno do passado está relacionado com a *disposição afetiva*.

> Finalmente, por la decisión en la existencia auténtica o por su carencia en el estado inauténtico de la existencia cotidiana, me encuentro siempre en una determinada situación y me la hago presente: he ahí al *presente*.⁵⁴

Quando a existência é inautêntica, ao presente corresponde a *degradação, a queda*.

7) *O ser-para-a-morte* (*Sein-zum-Tode*) – A morte ocupa um lugar importante no pensamento de Heidegger. Ele nos fala em *Sein-zum-Tode* (ser para a morte) e *Freiheit-zum-Tode* (liberdade para a morte), *Sein-zum-Nichts* (ser para o nada) e *Sein-zum-Ende* (ser para o fim).

O *Dasein* é incompleto, inacabado, no sentido de que é uma fuga perpétua para suas possibilidades. É, por essência, o ser que jamais pode atingir a própria perfeição, realizar-se. A morte não é para o *Dasein* uma realização, uma cessação: é uma possibilidade, sua possibilidade mais autêntica. "A morte é uma possibilidade que o próprio *Dasein* assumiu como definindo seu *poder-ser*

---

⁵³ Idem, p. 828.
⁵⁴ Idem, ibidem.

mais *pessoal*."⁵⁵ Tão logo nasce, o homem já é suficientemente velho para morrer: é um ser-para-o-fim (*Sein-zum-Ende*). O homem só existe para a morte: é essencial e constitutivamente um ser-para-a-morte, o que significa viver angustiado. O homem perdido no mundo foge ao pensamento da própria morte. A consciência (*Gewissen*) se apresenta então como uma chamada (*Ruf*) que brota inesperadamente do fundo do *Dasein*. "Este grito da angústia chama o *Dasein* para que volva sobre si e suas possibilidades autênticas."⁵⁶ A resposta do *Dasein* à chamada é reconhecer sua própria *culpabilidade* (Schuld = culpa), que consiste numa *negatividade* profunda. A negatividade é constitutiva do *Dasein*. Heidegger dá três razões para o fundamento dessa negatividade:

1) El *Dasein* no es el fundamento de si mismo (ha sido echado) y, com todo, existiendo pone algo así como el fundamento del su poder-ser. 2) El *Dasein* es proyecto y como tal elección. Ahora bien, la elección de una posibilidad importa la no elección y por consiguiente, la reducción a la nada de las restantes posibilidades. 3) El hombre está ordinariamente caído y perdido en el mundo. La existencia del hombre, en sus tres dimensiones de derelección, proyecto y caída, roza continuamente con la nada. El hombre está herido de una culpa ontológica irremediable.⁵⁷

---

⁵⁵ JOLIVET, p. 132.
⁵⁶ Idem, p. 138.
⁵⁷ KLIMKE-COLOMER, p. 827.

Para melhor esclarecimento do leitor vamos transcrever o que, sobre o mesmo tema, comenta Jolivet.[58]

¿En qué consiste, pues, esta negatividad profunda del *Dasein,* principio y fundamento del mal que hace? Se comprenderá recordando que el *Dasein* es esencialmente cuidado, es decir, de hecho, derelicción, proyecto, decadencia. El existente se conoce como arrojado-en-el-mundo: no existe para nada él mismo, y este carácter no es el resultado de un hecho realizado, que estuviese tras él, sino que acompaña toda su existencia bajo la forma de cuidado. Por esta razón, *el Dasein existe como poder-ser, con la carga y Ia responsabilidad de ele gir libremente sus posibilidades.* Sin embargo, esta libertad no es absoluta: por una parte, el *Dasein* no se ha dado a si mismo el ser que es; por otra, las posibilidades que le están abiertas se encuentran limitadas: no realiza unas más que excluyendo las otras; elegir es renunciar. El *Dasein* no puede, pues, ser nunca el dueño absoluto de su existencia propia. De aqui se sigue que *la negatividad es constitutiva para él:* en cierto sentido, él es en si mismo, en el fondo mismo de su ser, una negatividad. Y es este doble carácter de no ser por si mismo, de ser un ser-arrojado-ahí y de estar fundamentalmente obligado a tomar sobre sí el ser tal o tal otro, el que define la miseria del *Dasein,* no como un momento pasajero de su existencia, sino como la esencia misma de ésta. El Dasein es *culpable* como tal, justamente en cuanto es,

---

[58] JOLIVET, p. 139.

y en cuanto es negatividad. Esta misma negatividad tiene, pues, su principio en el *Dasein,* en cuanto él asume una existencia que no se ha dado y que consiente en existir según el modo del poder-ser, que es fundamentalmente imperfecto y finito. *Responsable de su propia finitud y de su nada, el Dasein es, por eso mismo, culpable hasta la raíz.*

Pela decisão (*Entschlossenheit*), o *Dasein* reconhece sua culpabilidade e aceita conscientemente seu próprio ser, elege a si mesmo (*Selbst*), vence assim o *"impessoal",* o imperialismo do *Se.* Esta decisão é a lealdade suprema do *Dasein* consigo mesmo: *é a liberdade para a morte.* (*Freiheit zum Tode*). Existir será, doravante, correr para a morte (*Vorlaufen zum Tode*).

"Na decisão, o homem passa da inautenticidade à autenticidade, toma sobre si heroicamente sua própria sorte e empreende resoluto seu caminho (*Eigenlichkeit*)."[59]

CONCLUSÕES

1. Limitamo-nos, no presente estudo, a expor alguns dos principais temas versados por Heidegger. Na realidade, uma exposição completa do pensamento do enigmático filósofo é difícil, senão mesmo impossível, como, aliás, observa Marías[60] em seu estudo sobre Heidegger:

---

[59] KLIMKE-COLOMER, p. 826.
[60] MARIAS, p. 427.

Estas breves indicaciones no pretenden ser uma exposición suficiente de la filosofía de Heidegger, que, por lo demás, tal vez no sea hoy todavia posible. La obra de este filósofo no está conclusa; más aún: su interpretación es problemática, discutida. Hace treinta años que se publicó el tomo I de *Sein und Zeit*, y desde entonces las publicaciones de su autor no representan, al menos em forma madura, nada que constituya un cuerpo de doctrina comparable al de este libro. Esto hace que surja una interrogante acerca del sentido de la filosofía heideggeriana. En sus últimos trabajos, Heidegger ha hecho una certera crítica de las interpretaciones apresuradas de su pensamiento.

2. Heidegger é, muitas vezes, obscuro, incompreensível mesmo. Vejamos um exemplo.

Heidegger diz que, quando fala de autenticidade e de inautenticidade, não quer significar que haja uma superioridade do autêntico sobre o inautêntico; que se trata aí de categorias metafísicas, que há uma verdade metafísica tão grande do inautêntico como do autêntico. Na verdade, é difícil segui-lo nesse ponto; desde que se fale de uma diferença entre o autêntico e o inautêntico, é para preferir o autêntico.[61]

---

[61] WAHL, p.109.

3. A obscuridade explica certos julgamentos formulados a respeito de Heidegger. Assim, por exemplo, Sciacca[62] observa:

> El último Heidegger causa la impresión de un hombre que piensa en el vacío que procede por leves indicaciones y sugerencias, con un lenguaje que es un juego de palabras, que dice y no dice, como una oscura profecía, una revelación, donde las "aberturas" son también "cierres", las "revelaciones", "escondimientos", etc. El primer Heidegger quiso pensar y escribir la "fiosofía de la nada"; el más reciente, decaído en la excavaclón artificiosa de la "palabra" (al punto de hacerle perder toda significación en lugar de hacerle recobrar su significación verdadera y genuina) y en el autocomentario (que es autoexaltación del descubrimiento de que el ser del Ser es la Nada, casi divinización de la Nada misma), parece que vaya escribiendo una "mística de la Nada", totalmente "terrestre".

4. Ferrater[63] registra diversas interpretações de Heidegger. Alguns autores declararam que o mesmo chegou a um "irracionalismo natural-panteista".

Otros insisten en el "arcaísmo" del pensamiento de Heidegger, manifestado en su intento de "mitologizar el ser", en su insistencia en que la dirección seguida por los presocráticos fué "desviada", en su afirmación del ser – y no de la existencia en el ente

---

[62] SCIACCA, p. 204-205.
[63] FERRATER, p. 631-632.

humano – como lo primario, pero sin hacer otra cosa que concebir el ser como "elemento" en el cual puede insertarse toda situación existencial. Otros autores, finalmente, han manifestado que en sus escritos últimos Heidegger ha abandonado por completo el tema de la Existencia para concentrarse exclusivamente en el tema del Ser.

5. Ainda outra interpretação:[64]

Este es el caso de Heidegger: quiere ser una objeción contra toda la filosofía y la historia anterior del espíritu. Quiere ser una objeción contra todas las precedentes interpretaciones del ser. El ser no es ni el sujeto absoluto ni la esencia, ni la idea o la existencia, ni Dios. Pero cuando se le pregunta qué es entonces, únicamente puede responder: la iluminación, lo patente, la desvelación. Y de nuevo nos encontramos frente a la nada. Quisiera desesperadamente llegar a lo positivo, pero se queda en lo negativo. ¿Encontrará su palabra positiva? ¿Quién se atrevería a profetizarlo? Está entre los tiempos, se ha desheredado a sí mismo al negar la tradición, busca inútilmente en la falta de fundamento del presente un lugar de anclaje y, por tanto, fracasa sin realizarse a sí mismo. Viendo más claramente en la oscuridad de la noche que en el día, espera los arreboles de la aurora, que, sin embargo, no puede percibir. Por este es el pensador de la noche del mundo.

---

[64] HEINEMANN, p. 113-114.

6. Qual a posição de Heidegger em face do problema de Deus? Segundo muitos autores,[65] sua filosofia é simplesmente ateia. Alfred Delp, S. J., qualificou-a de "uma teologia sem Deus", pois suplanta e substitui Deus pela criatura ou pelo nada. E, assim, Sartre classifica Heidegger entre os existencialistas ateus. Também Jean Wahl se expressa em termos semelhantes: "Não há lugar para Deus, ao que parece, na filosofia de Heidegger.

Alguns intérpretes benévolos, entretanto, creem poder descobrir Deus no "ser compreendente heideggeriano, que seria algo parecido com o *Ipsum Esse* da escolástica. Assim escreveu P. Lotz, S. J.: "Na realidade, sob o véu do nada (de todo o intramundano) mostra-se o ser naquilo em que parece insinuar-se uma realidade supramundana (divina)".[66]

Heidegger mesmo se defende expressamente da acusação de "ateísmo" que lhe foi feita por ter aludido à expressão nietzcheana: *morte de Deus*. "Segundo Heidegger, com o *ser no mundo* nada se prejulgou acerca da existência ou inexistência de Deus nem acerca da 'possibilidade ou impossibilidade de deuses'".[67] *O ser no mundo* deixa sem resolver "se o homem no sentido teológico-metafísico é um ser meramente terreno ou ultraterreno".[68]

---

[65] LENZ, p. 119.
[66] Idem, p. 120.
[67] Idem, p. 121.
[68] Idem, p. 122.

Lenz anota com muito espírito:

> No es incumbencia mía decidir si Heidegger, ya que no en la boca y en la mente, tiene al menos a Dios en el corazón. A juicio de Brecht, "todo lector desapasionado de Heidegger se percata de que de una manera *oculta* el misterio de la trascendencia está presente a su pensamiento; mas todavía, parece como si rozase una y otra vez el ser de Dios y diese vueltas constantemente en torno a Dios".[69]

Concluamos: Profundo ou enigmático em seu pensamento, original ou simplesmente artificial em sua linguagem, o fato é que Heidegger continua objeto de discussões e interpretações as mais diversas. Concordamos com o julgamento de Lenz:

> Heidegger se había propuesto levantar una nueva torre, poro el resultado principal obtenido hasta la fecha es la confusión de lenguas de la torre de Babel.[70]

E o mundo hoje precisa de ideias claras, soluções definidas, rumos seguros. Não espere o leitor encontrá-los em Heidegger.

---

[69] Idem, p. 123.
[70] Idem, p. 289.

REFERÊNCIAS BIBLIOGRÁFICAS

CORVEZ, Maurice, *La Philosophie de Heidegger*. Presses Universitaires de France, Paris, 1961.

BLACKHAM, H. J., *Six Existentialist thinkers*. Routledge, London.

BOCHENSKI, I. M., *La Filosofia Actual*. Tradução de Eugenio Inaz. Fondo de Cultura Económica, México-Buenos Aires.

FERRATER MORA, José, *Diccionario de Filosofia*. Editorial Sudamericana, Buenos Aires, 1958, 4ª edição.

HEINEMANN, Fritz, *¿Está viva o muerta la Filosofia Existencial?* Tradução do alemão por Fernando Vela. Revista de Occidente, Madrid.

JOLIVET, Régis, *Las doctrinas Existencialistas, desde Kierkegaard a J. P. Sartre*. Editorial Gredos, Madrid, 2ª edição.

KLIMKE-COLOMER, *Historia de la Filosofia,* 3ª edição. Editorial Labor, S. A., 1961.

LENS, Joseph, *El Moderno Existencialismo Alemán y Francés*. Tradução espanhola de José Pérez Riesco. Editorial Gredos, Madrid.

MARÍAS, Julián, *Historia de la Filosofia*. Revista de Occidente, Madrid, 10ª edição.

SCIACCA, M. F., *La Filosofia Hoy*. Tradução por Claudio Matóns Rossi e Juan José Ruíz Cuevas. Luis Miracle editor, Barcelona.

WAHL, Jean, *Les Philosophies de l'Existence*. Armand Collin, Paris, 1954.

5

SARTRE, O FILÓSOFO DO SER E DO NADA

Introdução

À simples menção da palavra "Existencialismo", mesmo quando não se distingue o tríplice sentido que tal expressão pode encerrar (filosofia, literatura, atitude de vida), está associado o nome de Jean-Paul Sartre. Com efeito, Sartre pode, de certo modo, ser considerado um verdadeiro divulgador do Existencialismo não só através de suas conhecidíssimas e (para muitos) atraentes novelas e peças teatrais, como, principalmente, por meio de sua obra "L'Existencialisme est un Humanisme" (surgida de uma conferência-colóquio proferida em 1946), a qual constitui, por sua "clareza, simplicidade e força intuitiva"[1], um verdadeiro catecismo popular da doutrina existencialista. Sartre é o único[2] filósofo que professa, expressamente, o Existencialismo, e talvez a característica

---

[1] LENZ, p. 132.
[2] BOCHENSKI, *La Filosofia*, p. 187.

mais original de sua obra seja sua preocupação de expressar em uma reflexão filosófica metódica e sistemática o grande problema moral da literatura do século XX: a angústia da responsabilidade humana para um homem que não admite nenhum guia no exercício dessa responsabilidade.[3] Os personagens de Sartre escritor encarnam as ideias de Sartre filósofo, fato esse que contribui sensivelmente para dar à doutrina da figura mais representativa do Existencialismo ateu uma cor viva e um tom de atualidade e humanidade que explicam sua popularidade. Não é fácil caracterizar, em poucas linhas, o pensamento filosófico de Sartre. Para Bochenski,[4] Sartre merece "a consideração de um clássico da filosofia atual, graças, sobretudo, à sua obra capital, prolixa, difícil e muito técnica, *O Ser e o Nada, Ensaio de uma ontologia fenomenológica".**Ainda Bochenski salienta em Sartre a marcha mental muito precisa, original e técnica, observando que seu sistema está construído com rigorosa lógica, de um modo muito racionalista e que possui uma extraordinária significação e agudeza, captando, amiúde, de forma admirável, vários dos problemas fundamentais da metafísica:[5] Klimke-Colomer[6] reconhece em Sartre um talento indiscutível, porém, recusam-lhe o título de

---

[3] ALBÉRÈS, p. 11.
[4] BOCHENSKI, *La Filosofia,* p. 187.
* Livro traduzido e publicado no Brasil pela Editora Vozes, 1997.
[5] Idem, ibidem, p. 187-188.
[6] KLIMKE-COLOMER, p. 833.

pensador original. Sciacca[7] considera o pensamento de Sartre superficial, chamando a atenção para o despreparo filosófico do pensador francês e observando que o mesmo não meditou a sério nenhum grande clássico da filosofia. Sciacca reconhece, todavia, a originalidade do pensamento sartriano e afirma que

> Sartre tem o mérito de ser um escritor e um filósofo "sem pudor", ou seja, de chegar até o fundo, sem falsas prudências e estudados controles; por isso, tira as consequências dos pressupostos filosóficos de que parte, desmascarara-os e, ao natural (o que significa: com consciência crítica), coloca-os ante nossos olhos friamente. Sartre, fenomenologicamente, constata (e faz seu inventário) todas as ausências e os vazios que, pouco a pouco, foi produzindo o imanentismo (racionalista, idealista, historicista, materialista) a partir do século XVII, e se dá conta de que não ficou nada, ou seja, de que só ficou o vazio, o nada, o absurdo.[8]

Heinemann aponta Sartre como "um exemplo sumamente interessante da profunda transformação que as ideias alemãs podem sofrer, ao serem transplantadas para a França, em virtude de um fecundo mal-entendido".[9]

Como o leitor vê, através desses poucos exemplos colhidos quase a esmo, as opiniões sobre Sartre são bastante

---
[7] SCIACCA, p. 209.
[8] Idem, ibidem.
[9] HEINEMANN, p. 122.

divergentes. Procuremos, em vez de pré-julgá-lo, conhecer alguns dos pontos capitais de seu pensamento. Passemos, antes, uma vista de olhos sobre seus traços biográficos, pois, como já assinalamos, a vida dos pensadores existencialistas reflete-se, em geral, na formulação de sua filosofia.

1. TRAÇOS BIOGRÁFICOS E OBRAS

Jean-Paul Sartre nasceu aos 21 de junho de 1905 em Paris. Perdeu, ainda cedo, seu pai e, em virtude de novo casamento da mãe, foi residir em La Rochelle, onde seu padrasto era diretor dos "Chantiers Maritimes" (estaleiros). Desde cedo, Jean-Paul revelou-se possuidor de uma fantasia desenfreada. Seus professores qualificaram-no de inteligente, porém agitador e revoltoso.

Em La Rochelle, Sartre travou conhecimento com "esta burguesia certa de sua segurança, de seus deveres e, sobretudo, de seus direitos, da qual fará a sátira em *La Nausée* e em *L'Enfance d'un Chef*".[10]

Em 1925, Sartre ingressou na Escola Normal Superior em Paris. Em 1928 tornou-se "agrégé de Philosophie" e, após o serviço militar, foi nomeado para lecionar no Liceu do Havre. Mais tarde, exerceu o magistério no Liceu Henrique IV e, posteriormente (1934), no Instituto Francês de Berlim.

Na época de seus estudos universitários, Sartre passou uma temporada em Friburgo onde seguiu as lições de Husserl. Em 1939 foi convocado para o exército, tendo caído

---

[10] ALBÉRÈS, p.19.

prisioneiro em 1940. Libertado, participou ativamente do movimento de resistência. Em 1943 publicou sua principal obra, *L'Être et le Néant* (O Ser e o Nada).

Professor de Filosofia, literato e, finalmente, comentarista político (renunciando aos temas universais em favor dos temas da atualidade), fundou a revista "Les Temps Modernes".

Observe-se que Sartre sofreu, na formação de sua personalidade, a influência da mentalidade existente na Europa no período entre as duas guerras mundiais, período de fermentações, esperanças, ilusões e fracassos.

É o momento em que o filho do século XX, desembaraçado dos preconceitos e dos costumes, tendo sonhado com uma liberdade total, percebe que esta liberdade não tem sentido se permanece vã e vazia; e, em um sentido puramente literário, que deixa provisoriamente de lado a sistematização filosófica de M., Sartre, o Roquentin de *"La Nauséc"*, é este herói envelhecido de Gide que, à força de se desembaraçar das morais e das convenções, à força de rejeitar o "manteau des moeurs" e os hábitos feitos, à força de lucidez e de espírito crítico, encontra-se sem alimento para viver, possuidor, com efeito, de uma liberdade que não é falsificada nem obrigada por nada, mas que não encontra nada em que se aplicar.[11]

Passemos, agora, à enumeração de algumas dentre as principais obras de Sartre.

---

[11] Idem, p. 20.

Obras filosóficas

1938 – *L'Imagiflation.*
1939 – *Esquisse d'une Théorie des Emotions.*
1940 – *L'Imaginaire. Psychologie Phénoménologique de l'Imagination.*
1943 – *O Ser e o Nada (L'Être et le Néant. Essai d'Ontologie Phénoménologique).*

Nesta mesma obra Sartre explica o sentido de seu subtítulo:

O pensamento moderno realizou um progresso considerável, ao reduzir o existente à série das aparições que o manifestam. Procurava-se, com isso, suprimir certo número de dualismos que constituíam obstáculo à filosofia e substituí-los pelo monismo do fenômeno. Conseguiu-se isto? Sem dúvida alguma, já não há lugar para distinguir no existente um exterior e um interior, uma aparência acessível à observação e uma "natureza" que se ocultaria atrás de uma tela. Esta natureza não existe. O ser de um existente é justamente o que parece. A aparência, quer dizer, *a objetividade*, é toda a realidade da coisa, como o estabeleceram Husserl e Heidegger. É um relativo-absoluto, relativo, enquanto se relaciona com alguém a quem *parece*, porém absoluto, enquanto não envia a nada fora de si mesmo. *O que o fenômeno é, o é absolutamente; revela-se tal como é*, e, consequentemente, podemos estudá-lo e descrevê-lo como tal, pois que é absolutamente indicativo de si mesmo. Esta descrição será, portanto, uma ontologia, enquanto afeta o ser mesmo, porém uma ontologia fenomenológica, enquanto o ser não é nada mais que a objetividade do fenômeno.[12]

Ainda sobre *O Ser e o Nada*, convém repetir as observações de Foulquié:[13] "Seriam suficientes os dedos da mão para contar os que tiveram a paciência de ler linha a linha O Ser e o Nada, e muito menos para contar os que podem, com toda a lealdade, afirmar que o entenderam sempre". "Esta obra se endereça aos especialistas que, eles mesmos, confessam não estar seguros de havê-la compreendido bem."

1960 – *Critique de la Raison Dialectique*, t. I. Segundo Mikel Dufrenne (Esprit, avril 1961) trata-se de "une ontologie et une épistémologie de la réalité sociale dans son objectivité inerte" (uma ontologia e uma epistemologia da realidade social em sua objetividade inerte).

Romances e novelas

1938 – *La Nausée*. A ideia central dessa obra é de que, em condições normais, nada justifica a existência. Encontra-se aí a experiência central da filosofia sartriana desenvolvida, posteriormente, nas setecentas páginas de *O Ser e o Nada*.

---

[12] Ver em JOLIVET, p. 183ss., a transcrição desse trecho e um comentário sobre seu conteúdo.
[13] FOULQUIÉ, p. 34 e 56.

1939 – *Le Mur*. Série de novelas, a primeira das quais dá o título ao livro. "Le Mur" (o muro) simboliza a morte que nos separa de toda outra existência.

1945 – *Les Chemins de la Liberté*. 1. *L'Age de raison*. 2. *Le Sursis*. 3. *La Mort dans L'âme* (Gallimard). Os numerosos personagens dos "Caminhos da liberdade" encarnam formas distintas de consciência formadas em suas respectivas situações. Tais personagens vivem uma vida fastidiosa, presos constantemente à angústia e ao cuidado e preocupados, principalmente, com sua liberdade. Mathieu, professor de Filosofia, vai modelando sua vida, através de prolongada luta, para conseguir a liberdade absoluta: "Se não procurasse conformar minha vida de acordo com minha vontade, parecer-me-ia absurdo existir".

Teatro

1943 – *Les mouches* (Gallimard). Orestes, o protagonista de "As moscas", encarna o ideal sartriano de liberdade absoluta, equiparando-se a Deus, simbolizado, na peça, por Júpiter.

1944 – *Huis-clos* (Gallimard). "A portas fechadas" ilustra bem a doutrina de Sartre sobre o "outro".

1946 – *Morts sans sépulture* (Gallimard). "Maquis" inquietos e angustiados, não diante da perspectiva da morte, mas diante do carrasco e do interrogatório. Cada um se converte em um indivíduo isolado diante de si mesmo, diante da própria liberdade: "Je savais...– diz um deles – que je serais un jour, au pied du mur, en face de moi, sans recours".

1951 – *Le Diable et le bon Dieu* (Gallimard). Goetz, o protagonista desta peça na qual Sartre combate a ideia de que existe um Bem absoluto e definido e um Mal absoluto e definido, exclama: "Deus não existe! Alegria, lágrimas de alegria! Aleluia! Já não há céu, não há inferno, só há Terra!".

Citamos, apenas, alguns dos mais importantes trabalhos de Sartre. As obras de Sartre respiram "uma atmosfera de náusea e estão repletas de frases demolidoras, negativas, tais como: 'o homem é uma paixão inútil', 'a criança é uma coisa vomitada', 'o inferno são os outros', 'decidi ser o que o crime fez de mim', que constituem um indício de perversão intelectual e moral".[14]

Troisfontaines notou que a obra de Sartre foi escrita, em grande parte, no ambiente indiferente do café. A ausência de um olhar de amor para com o mundo e para com a humanidade – na obra de Sartre não aparece em parte alguma o perfume de uma flor, o sorriso de uma criança – denotam em seu autor uma existência vazia, da qual parece ter estado ausente um autêntico amor. É curioso que um grafólogo como De Greef conclua, da análise da escrita de Sartre, que seu autor não saiu do estado de autoerótico.[15]

2. AS FONTES DO PENSAMENTO DE SARTRE

Já observamos que as ideias dos pensadores existencialistas possuem, sempre, um forte sabor de experiência pessoal. Tal acontece, evidentemente, com Sartre, e é nas

---

[14] KLIMKE-COLOMER, p. 833.
[15] Idem, p. 833-834.

experiências de sua vida que vamos encontrar, em primeiro lugar, a fonte de suas ideias filosóficas. Assim, por exemplo, "os exageros de Sartre procedem do fato de que não se pode libertar de suas experiências da guerra. É sempre a total responsabilidade na total solidão".[16]

    Sua concepção do mundo procede substancialmente das experiências de sua vida. Sartre vive em uma época na qual as situações-limites de Jaspers se converteram em uma expressão do mais extremo alheamento de si mesmo. A tese de Jaspers: "Eu tenho que morrer, eu tenho que sofrer, eu sou inexoravelmente culpado", não é já possibilidade abstrata, pois descreve a brutal realidade em que se viu o povo francês em 1940. Submetido ao domínio de um ditador, que não recuava diante da aniquilação de todas as classes sociais, os franceses experimentaram situações-limites no sentido de que parecia haver-se alcançado o limite até o qual pode chegar a crueldade inumana. Cada um deles estava em perigo de ser aniquilado a qualquer momento. Sartre possui uma insólita finura de olfato para a situação do momento e uma potência quase brutal para analisar as forças negativas e destruidoras da sociedade humana.[17]

    Dentre os filósofos que contribuíram para a gênese do pensamento de Sartre, podemos anotar:

---

[16] HEINEMANN, p. 146.
[17] Idem, p. 130.

Descartes: "Como bom francês, Sartre sofreu o impacto do racionalismo gaulês e, sobretudo, de Descartes, cujo cogito ele enlaça mediante a fenomenologia com a temática existencialista".[18]

Kieekegaard. Como os demais filósofos existencialistas, Sartre sofreu, também, a influência de Kierkegaard, porém, observa Bochenski, às vezes, "a problemática da existência desenvolvida pelo pensador religioso dinamarquês recebe daquele soluções completamente antitéticas".[19] Sartre toma de Kierkegaard o conceito de queda, o qual, "secularizado, serve perfeitamente a seus fins".[20]

Em *Freud*, Sartre busca inspiração para sua teoria do amor como forma de posse.[21]

De *Hegel* procedem algumas das ideias fundamentais de Sartre: "adota o conceito da oposição de ser e não-ser, deixado, porém, sem síntese".[22]

De *Feuerback* (e Marx) "recolhe o postulado de que o homem é matéria orgânica, da qual a consciência é uma manifestação (doutrina que também é de Freud)".[23]

Heidegger. É indubitável a influência de Heidegger em Sartre. Poderíamos citar, como exemplo, o princípio de que o ser é "mundanidade", ser-no-inundo. Observe-se, entretanto, que as interpretações de Sartre "provocaram, em mais de urna

---
[18] KLIMKE-COLOMER, p. 833.
[19] BOCHENSKI, *La Filosofia*, p. 188.
[20] SCIACCA, p. 268.
[21] Idem, ibidem.
[22] Idem, ibidem.
[23] Idem, ibidem.

ocasião, a oposição do filósofo de Friburgo".[24] "Heidegger rechaçou, com razão, toda responsabilidade pelo sartrismo."[25] Lenz observa a propósito: "Se, por um lado, é certo que Sartre desenvolve o ideário de Heidegger e que o cita repetidas vezes, por outro lado, apesar de qualquer semelhança ou dependência, as diferenças são tão essenciais que se deve considerar Sartre como pensador por conta própria. O próprio Heidegger mostrou interesse especial em livrar-se de Sartre (principalmente pelo niilismo e ateísmo deste). Alguns amigos e comentaristas de Heidegger, entre os quais se contam Egon Vietta, Max Müller e Johannes Lotz, traçam uma profunda linha divisória entre ambos os filósofos em favor de Heidegger. Porém foi sobretudo Alphonse de Waelhens quem realizou um estudo comparativo amplo, ponderado e analítico".[26]

Husserl. Como outros pensadores da existência, Sartre se aproveita também do método fenomenológico de Husserl. "As teorias de Husserl constituem o suporte geral de seu sistema, que as aplica amplamente."[27] Com relação à influência de Husserl, impõe-se, entretanto, uma observação: "O que Importa, neste caso, não é tanto o que Husserl ensinou realmente, mas aquilo que Sartre considera como sua doutrina".[28] Sartre aprendeu de Husserl:

1) que a consciência não é um depósito, um recipiente que contém certas coisas (impressões, representações, imagens etc.);

---

[24] KLIMKE-COLOMER, p. 833.
[25] BOCHENSKI, *La Filosofia,* p. 188.
[26] LENZ, p. 138.
[27] BOCHENSKI, *La Filosofia,* p. 188.
[28] HEINEMANN, p. 122.

2) que a consciência é *sui generis* e não pode ser explicada por nenhuma analogia física;

3) que a intencionalidade é o que constitui seu caráter fundamental. "Equivocadamente atribui a Husserl o descobrimento da intencionalidade dos atos psíquicos, que corresponde melhor aos escolásticos e a Franz Brentano."[29]

Heinemann ilustra os equívocos de Sartre na interpretação de Husserl, acrescentando que o conhecido fenomenólogo teria ficado assombrado diante das assertivas do filósofo francês...[30]

3. O PENSAMENTO DE SARTRE

1. *A Náusea*. O leitor terá uma ideia do diapasão pelo qual se afina o pensamento de Sartre, se meditar sobre o sentimento descrito na novela "A Náusea" e atribuído, pelo escritor, ao protagonista da mesma: *Antoine Roquentin*. Antes de descrevermos, resumidamente, o que seja a náusea, impõem-se duas observações:

Primeira: Sartre, na descrição da náusea diante da vida, nada mais faz que expressar um sentimento, uma experiência da realidade característica da geração do período de entre-guerras.

Esse sentimento de uma vida sem razão de ser, carecedora de sentido, é encontrado, de um modo ou de outro, em obras de outros autores como Unamuno, Gide, Julien

---

[29] Idem, p. 122-123.
[30] Idem, p. 124.

Green, Camus etc... A náusea de Antoine Roquentin seria, simplesmente, a transposição, em escala reduzida e sob a forma de um sentimento vivido, de um estado de sociologia literária e moral.[31]

Observe-se que a "La Nausée" é o romance da não--significação universal e contém, em germe, o pensamento de Sartre.

Segunda: Em "La Nausée" encontramos dois personagens opostos: o autodidata (que pretendia adquirir conhecimentos lendo todas as obras da Biblioteca Municipal segundo a ordem alfabética dos autores) representa, de maneira ridícula e sórdida, as ilusões intelectuais dos homens: suas ideias são as mesmas às quais, em certos momentos de sua formação intelectual, o próprio Sartre deu crédito. Em face desse personagem grotesco, surge Antoine Roquentin, simbolizando o espírito crítico e estado puro; sozinho, sem responsabilidade, sem gostos, cético, vazio, desorientado, apesar de criticar tudo, vai chegar à conclusão desanimadora de que a vida cotidiana, com impostura ou com espírito crítico, não encontra razão de ser. Esses dois personagens refletem bem o estado de espírito do próprio Sartre, estado de espírito esse que levou o pensador existencialista à conclusão absurda de que nas condições normais nada justifica a existência.

Antoine Roquentin, após várias tentativas vãs de compreender sua própria existência, sentado, certo dia, em um

---

[31] ALBÉRÈS, p. 49.

banco de jardim público, sente, repentinamente, uma "iluminação" que lhe revela a gratuidade, a contingência, a absurdidade da própria existência. A realidade do mundo, do jardim, do banco, do castanheiro cuja raiz mergulha na terra sob o banco, do próprio Antoine Roquentin, reduzia-se simplesmente a um estar-aí gratuito, absurdo, carecedor de sentido, sem porquê, sem para quê.

> Tout est gratuit, ce jardin, cette ville et moi-même. Quand il arrive qu'on s'en rende compte, ça vous tourne le coeur et tout se met à flotter comme l'autre soir; voilá la "nausée" (La Nausée).

O núcleo da vertigem da náusea não é tanto a verificação da gratuidade do mundo e de nós mesmos mas, principalmente, a descoberta de que, apesar dessa gratuidade, nós existimos sem razão que justifique. A consequência da náusea é a responsabilidade que devemos constatar em nós pelo simples fato de existirmos. Esta responsabilidade nós a sentimos, primeiramente, como um horror que tentamos repelir. Inútil tentativa.

> Meu pensamento sou eu mesmo: eis aí por que não posso parar. Existo porque penso, e não posso impedir-me de pensar. Neste mesmo momento – é terrível –, se existo é porque tenho horror de existir, sou eu mesmo que me tiro do nada ao qual aspiro: o ódio, o desgosto de existir, são outras tantas maneiras de me fazerem existir de me mergulharem na existência. Os pensamentos nascem atrás de mim como uma vertigem, eu os sinto brotar por detrás de minha cabeça: se

eu cedo, eles passam adiante, entre meus olhos, e cedo sempre, e o pensamento aumenta, aumenta, torna-se imenso, tomando conta de mim e renovando minha existência (La Nausée).

2. *O Em-si (L'en-soi)* – As duas categorias fundamentais da Ontologia sartriana são o *Ser-em-si* (être-en-soi) e o *Ser-para-si* (être-pour-soi). O primeiro é plenitude, o segundo ausência, vacuidade. Um é estática, o outro é dinâmica constante que se caracteriza mais pela ausência que pela presença. Tentemos esclarecer, primeiramente, o que se deve entender por *être-en-soi*.

O *em-si* representa o modo de ser próprio da realidade *infra-humana*. É um ser compacto, fechado sobre si mesmo, inconsciente, pleno, maciço, rígido, nem passivo, nem ativo, nem afirmação nem negação: simplesmente repousa em si, sem relação alguma com os demais entes e fora da temporalidade. Alguns autores comparam o *em-si* à esfera de Parmênides, outros lembram a *res extensa* de Descartes. Parece que poderíamos relacioná-lo com *Ansich-sein* de Hegel e o *Vorhanden-sein* de Heidegger.

O *em-si* é o mundo dos objetos externos; é, simplesmente, o que é (pedra, planta, mesa), cheio de si mesmo (como um ovo), inalterável (como uma montanha), forte e maciço (como o mármore)... O *em-si* não pode referir-se a outro, derivar-se de outro (que, então, seria sua causa, seu fim ou seu plano), não possui razão de ser nem significação. Sua contingência é absoluta. (!) Sua existência é absurda. Ele é demais (*de trop*). Reduz-se a um caos absurdo que provoca a náusea. Repitamos, aqui, o comentário de Lenz: "Sartre não parece ter-se dado conta de que não existe, em absoluto, um ser assim, totalmente inalterável e petrificado".[32]

3. *O para-si (pour-soi)* – A distinção entre o *en-soi* e o *pour-soi* é de índole ontológica, porém de uma ontologia fenomenológica. Enquanto o *en-soi* carece de toda relação, o *pour-soi* é inteiramente relação e aparece como a *niilização* do real produzido pela consciência. Sendo a *niilização* do real, o *pour-soi* é o *que não é:* é *nada*. Tentemos uma explicação mais clara: Tudo o que é, segundo Sartre, deve ser um *ente*, isto é, um *en-soi*. Este *en-soi* está absolutamente presente a si mesmo pela identidade (é uma identidade absoluta consigo mesmo). O homem visto por fora (por exemplo, por seu corpo) é também um *en-soi*. O homem aparece, pois, como uma *niilização* (*néantiser:* não significa propriamente *aniquilar, mas tornar inexistente para mim, suprimir para mim*) do *ser-em-si*.

Temos, aqui, uma fuga à identidade pela qual o *em-si* está absolutamente presente a si mesmo. O *pour-soi* é o fundamento de toda negatividade e de toda a relação, é a *relação*. O homem é o ser que faz florescer o nada, é o ser pelo qual o nada vem ao mundo.

4. *Projetos do pour-soi* – O *pour-soi* caracteriza-se por três projetos: busca de si mesmo em suas possibilidades, relação com o outro, tendência para um quimérico *em-si-para-si (en-soi-pour-soi)*.

---
[32] LENZ, p. 148.

a) *Busca de si mesmo em suas possibilidades* – O homem é uma perpétua carência de si mesmo, é uma evasão contínua do *pour-soi* para suas possibilidades que, entretanto, estão sempre fora de seu alcance. Nessa corrida o homem lembra um asno que tenta apanhar uma cenoura atada a um pau preso aos varais do carro:

> l'âne qui tire derrière lui une carriole et qui tente d'attraper une carotte qu'on a fixée au bout d'un bâton assujetti luimême aux brancards.

A realidade humana é uma totalidade que corre atrás de si, e esta perseguição é a fonte do tempo: enquanto se repele, é o passado; enquanto se ultrapassa a si mesma, é futuro e, precisamente, negação do instante, que não lograria mais do que submergir o existente em um *em-si* pontual, mortal, ao mesmo tempo, para sua espontaneidade e para a totalidade (necessariamente desejada e fatalmente impossível) de seu acabamento. Jamais em nenhum instante se poderá dizer que o *para-si* é porque, justamente, o *para-si* não é nunca.[33]

b) *Relação com o "outro" (l'être pour autrui)* – Segundo a ontologia sartriana, o homem representa uma dualidade: existe no mundo como consciência (*pour-soi*) e, simultaneamente, como corpo (*en-soi*). O homem, pois, é uma "consciência encarnada"... O corpo é o instrumento original não da alma, mas da ação.

---

[33] JOLIVET, p. 230.

Sartre distingue dois aspectos no corpo: o corpo enquanto *ser-para-si* e o corpo enquanto *ser-para-outro*. Do primeiro aspecto já falamos quando estudamos o *pour-soi*: meu corpo me é imediatamente consciente, constitui a estrutura consciente da minha consciência e existe à medida em que fujo dele ao "apagá-lo", ao *niilizá-lo*.

Eis aqui então a situação que cria a consciência: de uma parte eu não sou mais aquele que sou, meu *en-soi*, pois que, para observá-lo, eu o *niilizei;* mas não sou mais o observador projetado fora do *en-soi*, pois nada há fora do *en-soi*. Eu não sou mais nada.[34]

Vejamos, agora, o corpo enquanto "ser-para-outro" (*être pour autrui*). Meu corpo, para o outro, nada mais é que um objeto entre objetos. Diante do olhar do outro, meu *ser de objeto* se me revela. Minha existência para o outro é exatamente aquilo que constitui meu corpo e, assim, graças ao conceito de *outro*, é que me conheço como corpo. Assim como meu corpo é utilizado pelo *outro*, o corpo do *outro*, que eu também concebo como objeto entre objetos, instrumento entre instrumentos, pode ser utilizado por mim.

Ao "para-si" o outro aparece, em primeiro lugar, como um olhar (regard). Enquanto não há nenhum outro em nosso horizonte visual organizamos todas

---

[34] FOULQUIÉ, p. 80-81.

as coisas em torno de nós mesmos como centro: são *nossos* objetos, porém, quando surge o outro neste horizonte e olha, por sua vez, em torno de si, produz-se uma perturbação: o outro trata de atrair a seu horizonte visual não só nossas coisas, mas também a nós mesmos e de converter-nos em um objeto de seu mundo.[35]

Em "Le sursis" Sartre dá-nos uma ideia do sentido que empresta ao *outro* e a seu *olhar* quando descreve o sentimento de Daniel ao *sentir-se* alvo dos olhares do *outro*. Esse olhar revolve-o até o fundo, é um olhar impenetrável, é a noite personificada como se a noite tivesse olhos..."Não estou só", diz Daniel em voz alta. "Evidentemente Sartre só conhece o olhar espião, espreitador, fixo e hostil, não o olhar aberto e benévolo."[36] A relação fundamental entre dois *pour-soi* é a seguinte: ou um se apropria do outro ou é apropriado pelo outro... Diante do olhar alheio reagimos com os sentimentos originários do temor, da vergonha ou do orgulho e do reconhecimento de nossa servidão. A relação original dos homens, uns com os outros, é retirada, rivalidade, inimizade e luta. Os sentimentos de vergonha (*honte*) ou de altivez (*fierté*) surgem com o olhar alheio que me transforma em *satélite*, perdendo eu, assim, o controle da situação.

Em sua obra dramática *Huis-clos* (A portas fechadas), Sartre mostra-nos três personagens (o desertor *Garcin*, a ho-

---
[35] BOCHENSKI, *La Filosofia*, p. 192.
[36] LENZ, p. 172.

mossexual e suicida *Inês,* a infanticida *Estelle*) condenados ao "inferno". O "inferno" é um quarto de hotel de província, sem janelas e sem espelhos... A pena não é o enxofre nem a grelha, nem a fogueira: é a convivência com os outros, o fato de não poderem separar-se, de não poderem viver isoladamente, de ser constantemente a opinião dos outros que os espelha e domina; a pena é o "martírio do outro", na expressão de Sartre: "Pas besoin de gril, l'enfer, c'est les autres", diz Garcin (Não há necessidade de grelhas, o inferno são os outros).

c) *O "para-si-em-si" (pour-soi-en-soi)* – O projeto fundamental do homem, sua primeira eleição, seu grande desejo é o ser. Já explicamos que o *"pour-soi"* é nada, enquanto que o *"en-soi",* é o ser. O homem deseja converter-se não em um puro *"en-soi",* mas em um *"en-soi"* que seja seu próprio fundamento: um *en-soi-pour-soi,* o que equivaleria a ser Deus. Assim, "para fugir a esse nada, aspiramos, ao mesmo tempo que conservamos o privilégio do *pour-soi,* a consciência, a conquistar para o mesmo a realidade do *en-soi* e a tornar-nos um *pour-soi-en-soi".*[37]

Vejamos como Sartre em *O Ser e Nada* expressa com seus próprios termos o que tentamos explicar ao leitor:

> Le pour-soi surgit comme néantisation de l'en-soi et cette néantisation se définit comme projet vers l'en-soi: entre l'en-soi néanti et l'en-soi projété, le pour-soi

---

[37] FOULQUIÉ, p. 81.

est néant. Ainsi le but et la fin de la néantisation que je suis, c'est l'en-soi. Ainsi la réalité humaine est decir-d'être-en-soi... en tant que pour-soi.

O protagonista de *"L'âge de raison"* sonha em ser Deus: "Être cause de soi, pouvoir dire: je suis parce que je le veux; êbre mon propre commencement..." (Ser causa de si, poder dizer: eu sou porque eu o quero; ser meu próprio começo...).

A noção de um *"en-soi"* que seria também *"pour-soi"* é, porém, contraditória, absurda, pois *"en-soi"* e *"pour-soi"* niilizam-se mutuamente. A síntese *"en-soi"*-*"pour-soi"* flutua constantemente na vida do homem como uma esperança em cuja perseguição o homem está condenado até o fim. Impossível ao ser humano renunciar a essa louca tentativa, pois não é livre para tal. "La liberté est liberté de choisir, mais non la liberté de ne pas choisir. Ne pas choisir, en effet, c'est choisir de ne pas choisir (...) D'où l'absurdité de la liberté" (O Ser e o Nada) (A liberdade é liberdade de escolher, mas não a liberdade de não escolher. Não escolher, com efeito, é escolher não escolher... Donde a absurdidade da liberdade).

O homem é, por natureza, uma consciência infeliz, sem possibilidade de fugir ao infortúnio. "L'homme est une passion inutile" (o homem é uma paixão inútil).

4. *A liberdade* – Segundo Wahl,[38] "pode-se dizer que a ideia de liberdade é aquela em torno da qual se formou o

---

[38] WAHL, p. 89.

pensamento de Sartre". Na teoria da liberdade de Sartre encontramos alguns aspectos curiosos. Assim, por exemplo, a liberdade é considerada o único fundamento dos valores; se o homem é livre, ele o é sempre; o homem não é livre de querer ou não ser livre: nós todos somos condenados à liberdade, pois o ser nos é dado sem nosso consentimento e sem razão.

A liberdade é essencialmente humana; não, porém, como uma propriedade de essência de homem, mas sim porque torna essa essência possível pela escolha. Nesse sentido é que "a existência precede a essência", pois a liberdade define o homem: é o próprio homem: é a essência do homem.

Segundo Sartre, se o homem fosse primeiro uma "essência" ou uma natureza que tivesse de existir, não haveria liberdade, pois esta essência definiria, desde logo, o caminho que o homem teria que seguir e aboliria, de saída, sua liberdade.

O homem, pois, como liberdade, não tem uma essência definida: sua essência é a liberdade, que é ausência de uma essência ou, se se quiser, é a essência do para-si que *é* sua existência, que não *é* definida *por* e *em* uma essência, pois, de outro modo, já estaria decidida e não lhe sobraria nada para decidir. Sua essência, em troca, é a liberdade, a ausência da essência e, portanto, a pura possibilidade, o homem é um "projeto", seu projeto: a cada instante se faz e é o que se faz: o homem se inventa em cada instante a si mesmo. Porém a eleição não pressupõe razões (a razão negaria a liberdade na necessidade racional): "toda razão vem ao mundo por meio da liberdade", que é liberdade de eleição sem razões. Sim, porém não é livre de não escolher, logo está determinada, decidida como liberdade, que pode eleger isto ou aquilo, porém que *deve* escolher. "Donde o absurdo da liberdade": O homem está condenado a ser livre, é escravo da liberdade: *elle est une malédiction.* E tem razão Sartre: a liberdade, para o existencialista (como para o marxista), é verdadeiramente uma maldição porque não sabe o que fazer dessa absurda liberdade.[39]

Nossa liberdade é total e ilimitada. É verdade que certas situações inevitáveis a limitam de certo modo: o nascimento, a sexualidade, a morte. Mas, segundo Sartre, as situações não decidem: convidam-nos a que nos decidamos. "Inclusive o prisioneiro tem o poder de ser livre. Pode ou aceitar a condição de escravo ou voltar-se livremente contra sua sorte e pensar na liberdade."[40]

O homem é totalmente autônomo, é o único legislador. A liberdade de Sartre não conhece, pois, o freio da moral. Orestes, o herói da tragédia "Les Mouches", encarna bem o ideal do homem livre de Sartre, com seu drama interno, ao tomar sobre si a decisão de matar Egisto e a própria Clitemnestra:

    Mais, tout à coup, la liberté a fondu sur moi et m'a transi, la nature a sauté en arrière, et je n'ai plus eu d'âge, et je me suis senti tout seul, au milieu de ton petit monde bénin, comme quelqu'un qui a perdu

---
[39] SCIACCA, p. 273-274.
[40] LENZ, p. 157.

son ombre; et il n'y a plus rien eu au ciel, ni Bien, ni Mal, ni personne pour me donner des ordres (Mas, de repente, a liberdade precipitou-se sobre mim e penetrou-me, a natureza saltou para trás e eu não mais tive idade e senti-me completamente só, no meio de teu mundozinho indulgente, como alguém que perdeu sua sombra; e nada mais houve no céu, nem Bem, nem Mal, nem ninguém para dar-me ordens).

5. *A temporalidade* – Como já vimos, a evasão perpétua do *pour-soi* para o possível está intimamente ligada à temporalidade. Examinemos, brevemente, as três dimensões temporais: passado, presente e futuro.

O *passado* não possui apenas uma espécie de existência honorária (continuar a ser, mas cessar de atuar): eu *sou o meu passado* (só o homem tem passado), eu tenho que ser o meu passado sem nenhuma possibilidade de não sê-lo; assumo sua responsabilidade total. Mas notemos que, em certo sentido, também *não sou meu passado* porque, na realidade, meu passado é tudo o que eu sou no mundo do *en-soi*. Pela *niilização* do *en-soi*, extingo meu passado.

O *presente* é *pour-soi*. "O presente aparece sempre como *niilizante;* entre mim e meu passado interponho o nada."[41] A presença do *pour-soi* diante do *en-soi* significa que o *pour--soi* é testemunha de que ele próprio não é este ser ao qual está presente. Neste sentido, o presente não existe.

---

[41] Idem, p. 163.

O *futuro* é tudo quanto está mais além do ser: é aquilo que o *pour-soi* se faz enquanto se aprende como perpetuamente inacabado em relação a si mesmo. Projeto-me para o futuro a fim de coincidir com o que me falta e ser o que sou.[42]

6. *A morte* – Sartre não concorda com Heidegger em que o homem seja um *Sein-zum-Tode* (um ser-para-a-morte). Só pode ser minha a morte preparada, nunca a morte que me surpreende. O peculiar da morte é ser algo inesperado. Como o nascimento, a morte é também considerada um absurdo. "É absurdo que tenhamos nascido, e é absurdo que morramos." A morte é uma total expropriação, é o aniquilamento de todas as possibilidades, fazendo com que meu ser se petrifique em um *en-soi*. O *pour-soi* é um ser que exige sempre um depois e que, portanto, não dá lugar para a morte. Esta não faz parte, pois, da estrutura do *pour-soi* mas sim da do *"être-pour-autrui"*. Sou mortal para os outros, não para mim...

7. *Deus* – Sartre faz expressa profissão de ateísmo sem, contudo, estender-se em explicações racionais sobre essa atitude e encontrando, antes, em sua subjetividade, uma razão sentimental contra Deus. "Sente-se ameaçado por um Deus supramundano e onisciente, em sua liberdade, única fonte da grandeza humana."[43]

---

[42] JOLIVET, p. 229.
[43] LENZ, p. 163.

Para Sartre, Deus é o conceito do *outro* levado ao extremo, e seria intolerável suportar o olhar fixo, penetrante e onipresente da Divindade. "Aceitar um Deus equivaleria a degradar-me a mim mesmo em seu eterno objeto, existir estranho a mim mesmo, buscar fora de mim a norma do que devo ser, estar ante Deus em vergonha e angústia permanentes."[44]

Em "O Ser e o Nada" aparece, algumas vezes, um argumento contra a existência de Deus: tal existência implicaria numa contradição: um ser que seria *causa sui*, causa de si mesmo... Trata-se, evidentemente, de um equívoco de Sartre sobre o conceito de *Ens a Se,* equívoco esse que, se propositado, atesta má-fé; se motivado por ignorância, comprova a superficialidade com que Sartre encara os problemas fundamentais da Filosofia Tradicional.

CONCLUSÕES

Após essa tentativa de breve exposição de alguns pontos fundamentais das ideias de Sartre, vamos alinhar umas conclusões que, a nosso ver, se impõem.

1. Sartre e os demais filósofos existencialistas – Procuremos, meramente a título de exemplo, estabelecer breves comparações entre alguns pontos da doutrina sartriana e de outros pensadores existencialistas.

---
[44] Idem, p. 164.

a) *Essência* – Segundo Sartre, não há essência de nós mesmos. A essência é algo que se aplica àquilo que não mais existe. Gabriel Marcel, embora não admita essência intelectual de nós mesmos, ensina, contudo, que existe "uma essência afetiva, uma presença de mim mesmo em mim mesmo, que é uma espécie de essência velada como todo o valor é uma essência velada".[45] Heidegger considera inexato afirmar que não existe essência de mim mesmo: existe uma essência de mim mesmo que, entretanto, é minha existência, isto é, o fato de que estou no mundo.[46]

b) *Escolha* – Sartre e Kierkegaard acordam em que o ser humano é, essencialmente, escolha.

c) *Tempo* – Em Kierkegaard e em Jaspers predomina o instante como átomo da eternidade; em Heidegger predomina o futuro. Para Sartre o momento essencial é o presente, a partir do qual formamos o passado e o futuro.

Mas convém igualmente notar que o presente tal como é representado por Sartre está constantemente se esvaecendo, como que em fuga diante de si mesmo, de modo que se poderia formular a questão de saber como, a partir deste termo tão instável, poderiam ser constituídos os outros momentos.[47]

---

[45] WAHL, p. 54.
[46] Idem, ibidem.
[47] Idem, p. 76.

Julgamos que a solução para essa questão se encontra na expressão do próprio Wahl:[48] "A filosofia da existência é uma filosofia da ambiguidade porque a própria existência é uma ambiguidade". Para quem considera a existência simplesmente como ambiguidade, tudo em torno dela há de ressentir-se dessa natureza ambígua e nebulosa. Querer acompanhar o raciocínio dos pensadores existencialistas em termos da lógica aristotélica é exigir quase o impossível.

d) *Morte* – Já salientamos a oposição entre Sartre e Heidegger com relação ao problema da morte. "Sartre[49] se opõe a acolher com Heidegger a morte dentro da vida como 'ser relativamente à morte'; a ver na morte a consumação da vida e a alcançar a autenticidade mediante o 'sair de encontro à morte'".

2. *O interesse por Sartre* – Entre os pensadores da Existência, Sartre é, sem dúvida, o mais conhecido, o mais popular, o que desperta mais interesse. Donde provirá tal interesse? Não, evidentemente, da obra fundamental da filosofia sartriana, *O Ser e o Nada*, obra, como já sublinhamos, pouco acessível aos não iniciados e para cuja compreensão se exigem, não raro, verdadeiros malabarismos intelectuais. O interesse por Sartre encontra sua explicação

---
[48] Idem, p. 64.
[49] LENZ, p. 165.

principalmente em seus trabalhos literários, através dos quais o pensador procura traduzir suas ideias filosóficas. Bochenski atribui grande parte da fama de Sartre entre os que não se dedicam aos estudos filosóficos "às prolixas e penetrantes análises da vida sexual normal e patológica".[50] Heinemann[51] observa que

> Sartre possui uns misteriosos dotes para a diagnose, vê os fenômenos e é extraordinariamente incitante e provocador em suas análises. Seu forte está na psicologia e na fenomenologia. Suas descrições fenomenológicas da esfera corpo-alma, do olhar do outro e das relações inter-humanas são excitantes, inclusive para aqueles que repelem sua superestrutura metafísica.

Na realidade, Sartre, como escritor, não é só excitante e provocador: é profundamente negativo. Suas novelas e narrações são bem um reflexo do negativismo de sua filosofia. Revelam predileção pelo lado perverso da humanidade, descrevendo, de preferência, tipos desequilibrados e anormais.

Com muita propriedade, observa Lenz, depois de examinar o conteúdo de algumas obras literárias de Sartre:

> Em todas estas novelas e narrações, com exceção de *Le Mur*, descrevem-se tantas cenas de atos "corporais", "naturais" e antinaturais, tantas perversidades e aberrações sexuais e vícios nefandos até a bestialidade, tantas

---

[50] BOCHENSKI, *La Filosofia*, p. 193.
[51] HEINEMANN, p. 143.

intimidades repulsivas, e tudo isso com tal luxo de detalhes, com tal extensão, com tal clareza e desenfreio, que, verdadeiramente, provocam a "náusea", e só com invencível repugnância podem ser lidas até o fim. Assim como Sartre filósofo tinha só olhares para o negativo, assim Sartre escritor revela provas inequívocas de predileção pela porção menos valiosa da humanidade, por caracteres que, perdido o equilíbrio, vivem na zona da anormalidade.⁵²

Para Sartre,⁵³ "o amor degenera em masoquismo, e o desejo sexual em sadismo e, como última escapatória, em ódio". Sciacca, qualificando Sartre de monótono, exara o seguinte julgamento: "Um drama seu, se é dos melhores, agrada; o segundo cansa; o terceiro já não se lê, porque se sabe de antemão como acaba".⁵⁴

3. *Sartre e Deus* – Já acentuamos o ateísmo declarado de Sartre e mencionamos a pseudo-razão filosófica do mesmo. Mas a verdadeira razão da negação da Divindade encontramos no irrefreável impulso de Sartre para a liberdade.

Portanto, expulsa a Providência tanto do mundo como de suas obras. Não há para ele nenhuma lei de moral divina, nenhum valor eterno a priori, nenhuma essência; portanto, tampouco nenhuma essência e natureza do homem. Seu existencialismo ateu significa

---
⁵² LENZ, p. 187.
⁵³ KLIMKE-COLOMER, p. 836.
⁵⁴ SCIACCA, p. 271.

que há, ao menos, um ser cuja existência é anterior à sua essência, um ser que existe antes que possa ser definido por qualquer conceito, a saber: o homem.[55]

Deus seria um sério obstáculo a essa liberdade total e completa preconizada por Sartre (diríamos melhor, libertinagem), e, por isso, vemos os personagens de suas peças encarando Deus, numa visão deformadora e blasfema, como algo que deve ser afastado.

Em "Les Mouches", Deus, sob a forma mitológica de Júpiter, é apresentado como uma espécie de tirano que impõe aos homens uma noção petrificada[56] do bem. Orestes exclama: "Que m'importa Jupiter? La justice est une affaire d'hommes, et je n'ai pas besoin de Dieu pour l'enseigner" (Que me importa Júpiter? A justiça é um negócio de homens, e eu não tenho necessidade de Deus para aprendê-la).

"Quand une fois la liberté a explosé dans une âme d'homme, les dieux ne peuvent plus rien contre cet homme-là" (Quando a liberdade explode na alma de um homem, os deuses já nada mais podem contra esse homem).

Não podemos, aqui, furtar-nos à transcrição da penetrante observação de Bochenski[57] com relação ao ateísmo de Sartre.

Sartre talvez seja o mais inteligente e o mais sutil ateísta de toda a história da filosofia e por isso julga-

---

[55] HEINENIANN, p. 144.
[56] ALBÉRÈS, p. 115.
[57] BOCHENSKI, *Diretrizes*, p. 114.

mos útil um rápido contato com sua doutrina. Sartre mais do que ninguém compreendeu e experimentou a não-necessidade e a insuficiência de tudo o que encontramos no mundo. Tudo, diz ele, é sem justificativa. Absolutamente não precisa existir, e no entanto está aí. Um triângulo abstrato, uma fórmula matemática são de algum modo explicáveis, mas nem existem. A existência das coisas, ao contrário, não tem explicação. Não conseguimos explicar, por exemplo, por que existe esta árvore com estas raízes. O mundo real só poderia ser explicado por Deus. Mas Sartre não quer saber de Deus porque pensa que Deus é uma contradição, um absurdo maior que o mundo absurdo. Logicamente conclui que todos os entes, e especialmente o homem, são absurdos, sem sentido. Sartre como nenhum outro filósofo soube formular o dilema: é necessário escolher entre Deus e o absurdo. Ele pessoalmente escolhe o absurdo, o sem-sentido, com todas as suas consequências. Seja-me permitido notar de passagem que quem conhece a marcha do pensamento de Sartre não o pode classificar como simples "existencialista". Sartre é um metafísico de alta categoria. Se erra, erra numa altura onde muitos nem sequer conseguem acompanhá-lo.

4. *Sartre e a moral* – Em *Le Diable et le Bon Dieu* Sartre põe nos lábios de Goetz estas significativas palavras: "Il n'y avait que moi: j'ai décidé seul du Mal; seul, j'ai inventé le Bien". E aqui temos resumido todo o subjetivismo da moral sartriana. Ao mesmo tempo que nega a existência de Deus, Sartre nega também a existência de uma ordem de valores pré-estabelecidos no mundo: "Sem dúvida, o homem elege sem deixar-se guiar por valores

pré-existentes". A criação ética e estética estão no mesmo nível sob o ponto de vista moral: "Temos o poder de criação e invenção na moral e na arte". Tudo, pois, é permitido. Ao projetar-se, "cada um elege livremente sua moral". E temos aqui a moral da ambiguidade construída sobre um terreno movediço e vacilante.

5. *Sartre e o Marxismo* – Sartre escreveu, principalmente, sobre assuntos políticos desde 1947, não escondendo sua orientação marxista, embora filosoficamente haja uma oposição entre o pensamento marxista e o pensamento sartriano, pois o ponto de partida do primeiro é um fenômeno exterior à consciência: o fato humano de grupo e de classe, o fato biológico e social, enquanto que o ponto de partida do segundo é, como o dos antigos "idealistas" (mas não do mesmo modo), a interioridade da consciência.[58]

Não obstante esta advertência inicial e apesar do solene desprezo[59] que os marxistas consagram ao existencialismo (filosofia da burguesia decadente: a sociedade burguesa despojada de seus privilégios e de suas perspectivas para o futuro declara o mundo e a vida absurdos), apesar de Garaudy (*Grammaire de la liberté*, p. 13-14, Edit. Sociales, 1950) haver escrito que "a náusea de viver não se encontra entre aqueles que vivem de seu trabalho, mas entre os que vivem do

---

[58] ALBÉRÈS, p. 137.
[59] Ver FOULQUIÉ, p. 92-94.

trabalho dos outros", Sartre escreve em um de seus trabalhos (*Critique de la raison dialectique*, Gallimard, 1960, p. 24):

Nous étions convaincus *en même temps* que le matérialisme historique fournissait la seule interprétation valable de l'histoire, et que l'existencialisme constituait la seule approche concrète de la réalité (Estávamos convencidos, *ao mesmo tempo*, de que o materialismo histórico fornecia a única interpretação admissível da história e de que o existencialismo constituía o único acesso concreto da realidade).

Sartre pretende "conciliar o marxismo, que explica o indivíduo por suas condições sociais, e o pensamento sartriano que não pode evitar dar a primazia à experiência vivida pelo indivíduo".[60]

Essa atitude de Sartre surge como criação de um híbrido neomarxismo. Como militante dessa nova filosofia, Sartre aparece já a uma certa distância do autor de *La Nausée* em 1938. Atualmente o pensador existencialista parece considerar sua missão histórica desenvolver a teoria do *neomarxismo*...

6. *Sartre e o homem fora de si* – Orestes em "Les Mouches" ouve de Júpiter: "Tu n'es pas chez toi, intrus; tu es dans le monde comme l'écharde dans la chair, comme le braconnier dans la forêt seigneuriale..." (Tu não te encon-

---

[60] ALBÉRS, p. 139-140.

tras em tua casa, intruso; tu estás no mundo como a farpa na carne, como o caçador furtivo na floresta senhorial). Em "Le Sursis", encontramos o mesmo tema:

> Je ne suis rien, je n'ai rien. Aussi inséparable du monde que la lumière et pourtant exilé, comme la lumière, glissant à la surface des pierres et de l'eau, sans que rien, jamais, ne m'accroche ou ne m'ensahle. Dehors. Dehors. Hors du monde, hors du passé, hors de moi-même: la liberté, c'est l'exil, et je suis condamné à être libre (Nada sou, nada tenho. Tão inseparável do mundo como a luz e, contudo, exilado, como a luz, escorregando sobre a superfície das pedras e da água, sem que nada, jamais, me agarre ou me encalhe. Fora. Fora. Fora do mundo, fora do passado, fora de mim mesmo: a liberdade, eis o exílio, e eu estou condenado a ser livre).

O homem é, realmente, *supérfluo (de trop)*. É um "ente que não é sua própria razão, que, enquanto é, também pudera ser outro". Como vemos, portanto, o homem, para Sartre, está sempre *fora de si mesmo* "enquanto se projeta e se perde fora de si...".

Tem razão, pois, Heinemann,[61] em definir a filosofia de Sartre como "A filosofia do homem fora de si" e concluir: "O homem que existe fora de si não pode chegar a ser ele mesmo se, antes, não tiver encontrado seu centro em Deus. Sartre confirma-o contra sua vontade".

---

[61] HEINEMANN, p. 154.

REFERÊNCIAS BIBLIOGRÁFICAS

ALBÉRÈS, R.-M., *Jean-Paul Sartre*. Editions Universitaires Paris, 5ª edição.

BOCHENSKI, J. M., *La Filosofia Actual*. Tradução de Eugenio Imaz, Fondo de Cultura Económica, México-Buenos Aires.

BOCHENSKI, J. M., *Diretrizes do pensamento filosófico*. Versão de Alfred Simon, Herder, S. Paulo, 1961.

BLACKHAM, H. J., *Six Existentialist Thinkers*. Routledge Kegan Paul Ltd., London.

FATONE, Vicente, *Introducción al Existencialismo*. Editorial Columba, julho, 1957, 3ª edição.

FERRATER MORA, José, *Diccionario de Filosofia*. Editorial Sudamericana, Buenos Aires, 1958, 4ª edição.

FOULQUIÉ, Paul, *L'Existencialisme*. Presses Universitaires de France: Que sais-je?, Paris, 1961, 11ª edição.

HEINEMANN, Fritz, *Está viva o muerta la Filosofia Existencial?* Tradução do alemão por Fernando Vela, Revista de Occidente, Madrid.

JOLIVET, Régis, *Las Doctrinas Existencialistas desde Kierkegaard a J. P. Sartre*. Versão espanhola de Arsenio Pados. Editorial Gredos, Madrid, 2ª edição ampliada.

_____, *Le probléme de la mort chez Heidegger et chez Sartre*. Ed. de Fontennelle, 1950.

KLIMKE, Federico e COLOMER, Eusebio, *Historia de la Filosofia*. Editorial Labor, S. A., 1961, 3ª edição revisada e ampliada.

LENZ, Joseph, *Il Moderno Existencialismo Alemán y Francés*. Tradução espanhola de José Peres Riesco. Editorial Gredos, Madrid.

SCIACCA, M. F., *La Filosofia Hoy*. Tradução por Claudio Matons Rossi e Juan José Ruiz Cuevas. Luis Miracle Editor, Barcelona.

WAHL, Jean, *Les Philosophies de l'Existence*. Librairie Armand Colin, Paris, 1954.

6

GABRIEL MARCEL, O FILÓSOFO DO PROBLEMA E DO MISTÉRIO

INTRODUÇÃO

Após o estudo de Sartre, passemos ao de Gabriel Marcel. "Passar de Sartre a Marcel é como passar da incredulidade à fé, do desespero à esperança, do ódio ao amor, da solidão à comunidade, do nada ao ser, da obscuridade à luz."[1] Embora Marcel figure entre os primeiros autores contemporâneos que escreveram sobre temas existencialistas (já em 1914 em um artigo intitulado "Existence et Objectivité" expôs pensamentos existencialistas), e já tenha, em certa ocasião, concordado em ser chamado existencialista cristão,[2] o pensador francês passou a preferir a denominação de neossocrático. A razão dessa mudança, parece-nos, pode ser atribuída a dois fatos: à possibilidade de um mal-entendido do grande público "incapaz

---

1 LENZ, p. 205.
2 HEINEMANN, p. 169.

de distinguir uma filosofia cristã da existência, do existencialismo à moda de Sartre",[3] e à publicação da encíclica *Humani Generis* que, como já vimos no primeiro desta série de artigos, alerta os católicos especialmente contra o irracionalismo, o subjetivismo e o relativismo contidos nas teorias dos principais autores existencialistas.

Gabriel Marcel é uma inteligência viva e produtiva que não se ocupou somente com a dissertação filosófica. Suas atividades intelectuais abrangem, além da filosofia, o teatro (escreveu numerosas peças e é também crítico teatral) e a música. A essas aptidões acrescentemos um profundo espírito religioso. Todo esse complexo intelectual, artístico e religioso deve ser levado em consideração para a compreensão do pensamento filosófico de Gabriel Marcel. A exposição sintética desse pensamento encontra duas sérias dificuldades: a primeira é a dispersão de suas ideias em numerosos artigos de toda espécie, em dramas e em obras de caráter filosófico; a segunda consiste em que

> suas publicações filosóficas são informes e incompletas. São anotações em um diário ou coleções de conferências. Designam etapas de um itinerário, às vezes confuso e que, aqui e ali, se perde na obscuridade, segue diferentes direções e, frequentemente, retoma ao ponto de partida.[4]

---

[3] Idem, ibidem.
[4] Idem, p. 157.

Marcel rejeita instintivamente toda sistematização; esta não se amolda a seu temperamento poético e artístico. Segundo a expressão de Gilson, "Gabriel Marcel é da família dos filósofos do ensaio, do diário ou do fragmento".[5]

Em mais de uma ocasião, Marcel expressa seu desejo de sistematizar a própria doutrina, mas não vai além. Em *Homo Viator* escreve: "Hoje tenho a melancólica certeza de que não escreverei nunca esse tratado e experimento certa irritação contra mim mesmo ao comprovar que não foi possível ajustar-me às regras do jogo filosófico, como foram observadas, quase geralmente, até agora".

Tentemos, agora, resumir alguns traços característicos do pensamento de Marcel:

1) A fonte de sua filosofia é sua própria existência e a reflexão sobre a mesma.

2) Seu ponto de partida é o próprio eu.

3) Seu problema fundamental: a definição do homem.

4) A solução suprema do problema da morte: *Deus Criador* e *Tu absoluto*.

Mais que a objetividade quer a *compreensão subjetiva da existência* no recolhimento interior; ao problema prefere o *mistério*, ao *ter* o *ser*, aos dados a *presença*, à ciência a *fé*, à técnica a *metafísica*, ao otimis-

---

[5] GILSON, Existencialisme chrétien..., citado em FOULQUIÉ, p. 106.

mo e pessimismo a *esperança*, ao *ele* o *tu*, ao morto o *vivo*, ao material o *espiritual*. A verdadeira realidade, segundo Marcel, radica nos segundos membros destas antíteses; os primeiros encarnam um ser degradado.[6]

1. TRAÇOS BIOGRÁFICOS E OBRAS

Gabriel Marcel nasceu em Paris aos 7 de dezembro de 1889. Seu pai, conselheiro de estado, ministro da França em Estocolmo, diretor de Belas Artes na Biblioteca Nacional e nos Museus Nacionais, era de formação católica, "professava uma elevada moralidade e possuía um conceito severo da vida",[7] porém sentiu a influência do agnosticismo tão comum do século XIX. A mãe de Marcel, que ele perdeu aos quatro anos de idade, era de ascendência israelita e possuía "brilhante vivacidade e extraordinária capacidade de adaptação".[8] Após a morte de sua mãe, Marcel foi educado por uma tia materna com a qual seu pai havia contraído novas núpcias. Convertida ao protestantismo, a madrasta de Gabriel era "pessimista em sua concepção da natureza e da vida humana", vendo na mais severa e rigorosa autodisciplina o único meio seguro de garantir uma convivência feliz entre os homens e combater o desenfreio das paixões.[9] Mar-

---

[6] LENZ, p. 210.
[7] Idem, p. 200.
[8] Idem, ibidem.
[9] Idem, ibidem.

cel foi, assim, alvo de cuidados que raiavam pelo exagero e educado numa atmosfera de escrúpulos morais, de medidas de higiene profilática. O horror aos micróbios e impurezas permaneceu gravado nele como repugnância a toda experiência externa, que lhe parecia, por conseguinte, "sumamente suspeita e impura".[10]

O ambiente escolar e os métodos de ensino com que foi educado deixaram em Marcel péssima impressão e recordação. O ensino impessoal, abstrato, inumano, puramente objetivo, afastado da realidade e das condições especiais em que se desenvolvem os jovens, "prejudicou, segundo o próprio Marcel, física e espiritualmente seu desenvolvimento".[11]

Durante a Primeira Guerra Mundial, como integrante da Cruz Vermelha, entrou em contato íntimo com a negra realidade do sofrimento, da morte e da desolação, fato este que o levou a valorizar a existência concreta: pensar, julgar, formular parecem-lhe uma traição à realidade: "O que existe e conta é este indivíduo real que eu sou, com todas as incríveis minúcias de sua experiência, com todas as particularidades da aventura concreta que lhe tocou viver, ele só e nenhum outro".[12]

Após uma longa peregrinação através de diferentes correntes ideológicas, Marcel, por influência de François Mauriac, converteu-se ao catolicismo em março de 1929.

---

[10] Idem, p. 201.
[11] Idem, ibidem.
[12] KLIMKE-COLOMER, p. 841

Eis suas palavras escritas no dia de seu batismo: "J'ai été baptisé, ce matin, dans une disposition intérieure que j'osais à peine espérer: aucune exaltation, mais un sentiment de paix, d'équilibre, d'espérance, de foi"[13] (Fui batizado, nesta manhã, em uma disposição interior que mal ousava esperar: nenhuma exaltação, mas um sentimento de paz, de equilíbrio, de esperança, de fé).

A atividade intelectual de Gabriel Marcel foi sempre intensa; além de viagens de estudos, da crítica literária e artística e da investigação filosófica, dedicou-se também ao magistério lecionando filosofia no Instituto de 1912 a 1922 e de 1934 a 1941.

Entre as obras filosóficas, peças teatrais e numerosos artigos de autoria de Gabriel Marcel, citemos os seguintes:

Obras filosóficas

1927 – *Journal Métaphysique*. Nesta obra, Marcel traça seu itinerário filosófico de 1913 a 1923.

1935 – *Être et avoir*. Continuação do Diário com acréscimo de alguns ensaios.

1940 – *Du refus à l'invocation*. Nessa obra encontram-se os traços fundamentais de sua "metafísica da interioridade".

1944 – *Homo viator* (Prolégomènes à une Métaphysique de l'espérance).

---

[13] FOULQUIÉ, p. 110.

1951 – *Les hommes contre l'huniain.*
1951 – *Le mystère de l'être.* O mais denso e sistemático de seus livros.
1954 – *Le déclin de la sagesse.*
1955 – *L'homme problématique.*

Peças teatrais

1914 – Le Seuil invisible.
1921 – Le cour des autres.
1923 – L'Iconoclaste.
1925 – Un homme de Dieu.
1931 – Trois pièces (Le regard neuf, La mort de demain, La chapelle ardente).
1933 – Le monde cassé.
1933 – La soif.
1936 – Le Fanal.
1945 – L'Horizon.
1949 – Vers un autre Royaume (L'Emissaire, Le Signe de la Paix).
1951 – Rome n'est plus dans Rome.
1955 – Croissez et multipliez.

2. AS FONTES DO PENSAMENTO DE GABRIEL MARCEL

A primeira fonte do pensamento de Marcel é sua própria existência. Ele mesmo acentua que se deve ter vivido os problemas filosóficos e pelos mesmos sofrido:

quem não viveu um problema filosófico, quem não foi oprimido pelo mesmo, não pode, de modo algum, compreender o que este problema significou para os que o viveram de antemão: a este respeito as posições se invertem, e a história da filosofia pressupõe a filosofia, e não o inverso (Du refus...).

De minha parte inclinar-me-ia a negar a qualidade propriamente filosófica a toda obra em que não se possa discernir o que chamarei a mordida do real (Du refus...).

A filosofia concreta nasce somente de uma tensão criadora, continuamente renovada, entre o eu e as profundezas do ser, da mais estrita e rigorosa reflexão, fundada na experiência vivida até o limite de sua intensidade (Du refus...).

A predileção de Marcel pelo distante, misterioso, esquecido, encontra suas raízes na tortura interna e na rebeldia provocadas pelo já mencionado sistema de ensino que concedia preeminência ao abstrato, ao impessoal, ao objetivo.[14]

Desde o início de seu filosofar, Gabriel procura "dar à existência aquela prioridade metafísica que lhe havia tirado o idealismo".[15] Note-se que, entre os pensadores existencialistas, Marcel é o que mais se aproxima de Kierkegaard, embora nada houvesse lido do filósofo dina-

---

[14] LENZ, p. 201.
[15] HEINEMANN, p. 158.

marquês quando desenvolveu suas ideias fundamentais.[16] "Embora Gabriel Marcel tenha iniciado sua atividade filosófica sem nada haver lido de Kierkegaard e de Jaspers, segundo sua própria confissão, ocupa, não obstante, uma posição que o aproxima muito de ambos os pensadores mencionados."[17] Vejamos, agora, alguns pensadores que teriam, de um modo ou de outro, influenciado na orientação do pensamento de Gabriel Marcel, qualificado por Wahl[18] como "a capacidade metafísica mais poderosa entre os pensadores da geração anterior". Marcel iniciou seus estudos com uma investigação sobre a influência de Schelling em Coleridge e as relações entre as filosofias inglesa e alemã, "atravessou uma fase hegeliana e gosta de comparar sua crítica de Bradley, Bosanquet e Royce com a crítica de Kierkegaard contra Hegel".[19]

Marcel libertou-se, pouco a pouco, do idealismo após um detido estudo dos neo-hegelianos ingleses e, especialmente, de Royce (La métaphysique de Royce, 1945), para chegar a uma filosofia subjetiva existencial. Partiu da ideia de que, para responder à questão da existência de Deus, é imprescindível precisar, pri-

---

[16] BOCHENSKI, p. 196.
[17] LENZ, p. 199.
[18] WAHL, *Tableau de la philosophie française*, citado em LENZ, p. 204-205.
[19] HEINEMANN, p. 155.

meiro, o conceito de existência. As investigações a respeito levaram a uma filosofia concreta.[20]

Estudando a formação filosófica de Marcel, Sciacca faz as seguintes importantes observações:

> Sua formação não é nem fenomenológica nem kierkegaardiana ou nietzscheana; seu existencialismo é anterior ao alemão e, levando-se em conta a data em que começou seu Diário Metafísico, também ao de Barth, enquanto é quase contemporâneo aos escritos mais significativos de Unamuno; sua ontologia é existencial, porém quer, de certo modo, enlaçar-se com a tradicional. Marcel se insere na tradição francesa não cartesiana de Pascal a Bergson e Royce (*La métaphysique de Royce*, 1918, re-editada em 1945).[21]

Quanto ao método de Marcel, anotemos: "Seu método se aproxima do de Husserl: toma uma situação concreta como as relações entre mim e outro, a representação de uma cena passada ou de uma cena que se passa a distância, a esperança... e faz da mesma uma análise fenomenológica aprofundada até tornar-se hiperfenomenológica, atingindo, assim, além do que é imediatamente dado".[22]

---

[20] BOCHENSKI, p. 196.
[21] SCIACCA, p. 250.
[22] FOULQUIÉ, p. 107.

3. O pensamento de Gabriel Marcel

1. *O Problema e o Mistério* – Um dos pontos básicos do pensamento filosófico de Marcel é a distinção entre *Problema* e *Mistério:*

> Isto se refere à distinção central para mim e que me aparece hoje como pressuposta, na realidade, em todo o conjunto de meus escritos filosóficos, embora só em outubro de 1932 se tenha formulado de modo expresso: Distinção do misterioso e do problemático. O *Problema* é algo com que nos encontramos, que nos corta o passo. Está inteiro diante de mim. Ao contrário, o *Mistério* é algo em que estou metido, cuja essência, por conseguinte, é não estar inteiro diante de mim. É como se neste contexto a distinção do *em mim* e do *ante mim* perdesse seu significado (Du Refus...).

> Um *Problema* é, pois, algo que encontro diante de mim, que posso objetivamente delimitar e reduzir. Um *Mistério* é algo em que meu próprio ser está implicado e comprometido. Diante do *Problema* minha atitude é a de um simples espectador: no *Mistério* eu mesmo sou ator.[23]

No *Problema* vale a distinção entre um sujeito despersonalizado, um simples espectador e um objeto (problema) que está diante de mim (objectum) sem incluir-me e do qual, como sujeito da oração, eu afirmo predicados.

---

[23] KLIMKE-COLOMER, p. 843.

A diferença entre *Problema* e *Mistério* "não significa que o primeiro seja acessível e o segundo incompreensível. *Problema* é, simplesmente, o que me é proposto, porém o que me é proposto, sendo externo, corresponde ao dado. *Mistério,* ao contrário, é "algo no qual me encontro comprometido, e cuja essência é, por conseguinte, algo que não está inteiramente ante mim".[24]

Marcel observa que para o racionalismo, que explica os efeitos pelas causas, tudo no mundo é "completamente natural". "A zona do natural coincide com a do problemático. Tentação de transformar o *Mistério* em um *Problema,* de degradá-lo a simples problema."

Todo o sobrenatural é *Mistério,* mas nem todo o *Mistério* é sobrenatural. O mistério, segundo Marcel, é algo que está em mim, algo em que eu mesmo me encontro, em que estou envolvido e que, portanto, não pode ser oposto a mim. Ao passar do *Problema* para o *Mistério,* supero o alheamento, não havendo mais a distinção entre o *em mim* e o *ante mim,* entre *fora* e *dentro.* Tropeçamos com o *Mistério* e o apreendemos por um ato positivo do espírito. O *Mistério* é, pois, uma "presa do ser", uma "apreensão". Enquanto o problema separa o *em mim* e o *ante mim* e me rouba "a presa do ser", degradando-me e atirando-me, de dúvida em dúvida, no desespero, o *metaproblemático* é a zona de segurança.

---

[24] FERRATER, p. 862.

Segundo Marcel, só os *Mistérios* interessam à filosofia, que, por isso, deve ser transobjetiva, pessoal, dramática e até trágica. Os *Mistérios* estão fora do alcance do conhecimento objetivo. Ao pensamento objetivo na filosofia, Marcel substitui um "pensamento pensante", um "pensamento reflexivo".

Em minha reflexão sobre a reflexão lógica (do pensamento objetivo) chego a ver que o *eu não é um objeto* de propriedades inconexas e abstratas, mas algo concreto, individual, pessoal, precisamente um ser *inobjetivisável*. Dessa maneira chego à *recuperação ou restauração* interior do concreto. É esta uma "segunda reflexão" ou "reflexão do segundo grau".[25]

Só um ser capaz de recolher-se pode apreender o *Mistério Ontológico*. O recolhimento diante do mistério traz-nos um estado de relaxamento: é uma íntima restauração, um movimento de volta, um íntimo encontrar-se da pessoa consigo mesma, uma segunda reflexão. Nesta segunda reflexão, que implica a participação de cada um em particular, consiste a filosofia. Tal filosofia não opera com um pensar impessoal e objetivo (*penser*) ao qual só são acessíveis as estruturas ou essências, do qual se excluem as existências, mas com um pensar em (*penser à*) que é sempre impessoal e que se aproxima das existências com um *pensamento amoroso* e com um olhar benigno.

2. *Ser e Ter* – A distinção entre *Ser* (*être*) e *Ter* (*avoir*) é fundamental na ontologia de Marcel. Essa distinção nasce

---

[25] LENZ, p. 216.

da dupla experiência de meu corpo e do fato de pertencer eu ao mundo onde se encontram os instrumentos de minha existência. Procuremos esclarecer esses dois importantes conceitos, segundo o pensamento filosófico de Marcel.

Ter diz respeito a coisas que me são externas e que de mim não dependem, embora eu seja proprietário das mesmas e possa delas dispor. Vivemos em uma sociedade na qual, cada vez mais, cresce a intervenção do Estado na esfera da vida privada, destruindo a fraternidade entre os homens; os seres humanos vão-se convertendo cada vez mais em meros funcionários, verdadeiros autômatos da máquina estatal, com seus direitos próprios diminuídos ou simplesmente destruídos, despojados de sua liberdade de ação, convertidos, enfim, em cifras estatísticas. Nesta sociedade dominada pela técnica predominam os problemas que se resolvem por "raciocínio intelectual e por cálculo", e o *Ter* predomina sobre o *Ser*.[26] O *Ter* é uma fonte de alheamento: os objetos por nós possuídos (livros, casas, ideias, opiniões) ameaçam-nos, constantemente, de tragar-nos. Assim é que os homens aferrados ao *Ter*, que vivem na zona do *Ter*, estão a pique de tornar-se almas cativas, sofrendo uma verdadeira deficiência ontológica com a perda do *Ser*. Tais homens não reagem diante da presença de outro: estão "ausentes". Não estão à nossa disposição.[27] Fogem na hora do perigo, atraiçoam seu semelhante. Marcel

---

[26] HEINEINANN, p. 163.
[27] Idem, ibidem.

pinta este mundo como o lugar da traição. "É uma sombria imagem, porém não tão desconsoladora como a de Sartre, cujo pessimismo e desespero Marcel repudia. Todas as expressões utilizadas indicam, apesar de sua negatividade, uma complementação positiva."[28]

Para o homem que vive na dimensão do *Ter*, todas as coisas são problemas; para o que entra em seu próprio ser, convertem-se em mistério. Marcel ilustra sua distinção com o exemplo de D. Juan. D. Juan vive na zona do *Ter:* vê a mulher do ponto de vista da posse e, por conseguinte, como mero problema. Por isso, voa continuamente de uma a outra, sem poder saciar-se com nenhuma. Ao contrário, o homem que vive um autêntico amor, não olha sua mulher do ponto de vista do *Ter*, mas eleva-a até seu próprio ser, e ela se converte, assim, em um mistério inesgotável capaz de saciar para sempre toda sua vida.[29]

Marcel distingue duas formas do *Ter:* o *"avoir-possession"* e o *"avoir-implication"*. O primeiro é o *Ter* possessivo que só se realiza onde há fora e dentro em recíproca tensão: "um certo *quid* se relaciona com um certo *qui* tratado como centro de inerência ou de apreensão".[30] Exemplo: eu tenho uma bicicleta.

---

[28] Idem, ibidem.
[29] KLIMKE-COLOMER, p. 843-844.
[30] MARCEL, Être et Avoir. Consultar JOLIVET, p. 370.

O segundo é um *Ter* implicativo ou inclusivo: assim, por exemplo, um corpo tem propriedades; o que significa que tais propriedades ou lhe são intrínsecas ou nele radicam: "Quando digo que *tal corpo tem tal propriedade,* esta me aparece como interior ou como enraizada no interior do corpo que ela caracteriza. Observo, de outro lado, que não podemos pensar na implicação aqui sem a potência, por obscura que seja esta noção".[31] Observe-se que em ambas as formas do *Ter* encontramos uma característica: a *manifestabilidade* a outro. O *Ter* é uma função do tempo. Sentimos que a duração (implicada no *Ter*) tanto do *qui* como do *quid* está ameaçada e, por isso, aferramo-nos ao *quid* procurando incorporá-lo a nós, formar uma só unidade com ele, num esforço verdadeiramente vão e desesperado. O *quid* é um centro de angústia exatamente porque pode ser destruído. O corpo se apresenta como o *Ter-típico:* é, por excelência, a exterioridade entrando em comunicação com o "eu", interiormente.[32] Entre mim e a realidade, o corpo é mediador absoluto. O poder que exerço sobre as demais coisas, exerço-o mediante meu corpo. Mais que todas as demais coisas possuídas, meu corpo exerce poder sobre mim: tiraniza-me, absorve-me. Quanto mais me embebo nele, convertendo sua exterioridade parcial e pseudo-interioridade, mais me anulo, mais me aniquilo. A primei-

---

[31] Idem, ibidem.
[32] JOLIVET, p. 371.

ra coisa possuída (o corpo) parece que, literalmente, me devora. Assim, o *Ter* apresenta-se-nos como tendendo a suprimir o ser, a dissolvê-lo.

O *Ser*, para Marcel, é aquilo que oferece resistência a uma análise exaustiva orientada para os dados da experiência, pois do Ser não há experiência alguma. A pergunta que eu próprio formulo sobre o *Ser* já supõe o *Ser* e minha participação nele. Formular o problema ontológico equivale a interrogar-se sobre a totalidade do *Ser* e sobre mim mesmo como totalidade. A pergunta sobre o *Ser* só seria um problema se eu pudesse ficar fora do mesmo. "Porém a verdade é que meu eu, que pergunta, encontra-se inserto na mesma pergunta."[33] O *Ser* é um mistério.

No conhecimento reflexivo, o *Ser* me está presente, eu mesmo estou presente como participação do *Ser*. Como o *Ser* implica o próprio ato do conhecimento, não pode objetivizar-se. É inobjetivo, individual; mais ainda, pessoal. No ser, a meu juízo, trata-se não de um *problema,* mas de um *mistério.* Experimenta-se no encontro com os homens. O Ser como o "concreto inesgotável não pode preencher a função de um dado; não pode ser comprovado, computado e dominado, mas "só reconhecido" (reconnu), ou, melhor, "só pode ser saudado" (salué).[34]

---

[33] LENZ, p. 222.
[34] MARCEL, Du Refus. Consultar LENZ, p. 223.

Marcel considera ineficaz o pensamento lógico para os "acessos concretos ao mistério ontológico". Tais acessos seriam conseguidos pela "iluminação de certas realidades estritamente espirituais, como a fidelidade, a esperança e o amor".[35]

A existência é uma determinada modalidade do *Ser*, mas não pode, entretanto, ser caracterizada. Não é um sujeito que sofra a superposição de predicados, nem sequer é suscetível de objetivização, assim como, por exemplo, são as determinações conceituais de uma coisa.[36] "Não há existência abstrata, não há ideia da existência."[37] Se tal houvesse seria como considerar-se a existência como uma pseudoessência. O que, na realidade, há é uma indissolúvel unidade de existência e existente.

Marcel considera inseparáveis a existência, a consciência de si como existente e a consciência de si como encarnado.

Anotemos ainda que, para Marcel, a união da alma com o corpo não é essencialmente distinta da união da alma com as demais coisas existentes: "Afirmar a existência de uma coisa é como afirmar não só que essa coisa pertence ao mesmo sistema que meu corpo, mas que está também, de certo modo, unida a mim como meu corpo". Lenz observa: "Assim, pois, para Marcel, não existem propria-

---

[35] MARCEL, *Être et Avoir*. Consultar LENZ, p. 223.
[36] LENZ, p. 223.
[37] Idem, ibidem.

mente, mais que pessoas encarnadas. O *Ser* tem que tomar corpo em uma pessoa concreta, e esta, por sua vez, só se realiza na *comunhão do eu com outro,* com um tu".[38]

3. *Eu e Tu* – "Eu" e "Tu" são conceitos que, em oposição a *Ele,* incluem, sempre, presença, existência. Os atos livres de amor, disponibilidade, obrigação e fidelidade constituem a experiência da comunidade das existências pessoais.

Quem sou *Eu?* Não posso situar-me fora de mim para responder a essa pergunta. O *Eu* não é nem meu cérebro, nem minhas mãos, nem meu corpo: *é presença total diante do outro.* "O *Eu* só existe enquanto se considera e trata como existindo para outro, por referência a outro, consequentemente, na medida em que se supera e sobrepassa a si mesmo."[39] Meu *Eu* não precede meus atos: o ato é constitutivo do *Eu.* A pessoa se cria a si mesma:

> Não é um objeto que está aí; a pessoa se realiza só ao encarnar-se continuamente graças a uma superação constante em uma vida determinada, mediante a participação em um ser inesgotável, suprapessoal. Seu lema, portanto, não é o "sum"; mas o "sursum". Pessoa é a *resposta a uma chamada,* sobretudo, de Deus.[40]

---

[38] LENZ, p. 224.
[39] LENZ, p. 225.
[40] MARCEL, *Homo viator.* Consultar LENZ, p. 225.

O que Marcel escreve sobre as relações com o "Tu" sugere a caracterização de sua filosofia como uma Filosofia do amor.[41] A razão da solidão em que se encontra o homem moderno reside no fato de que o mesmo não vê no próximo senão um *Ele,* um objeto animado, uma simples natureza, um mecanismo externo que usa em proveito próprio. O semelhante deve ser tratado como uma pessoa a que se fala, como um *Tu.* "No momento em que se entabula uma comunicação entre mim e o outro, penetramos em um mundo distinto, no qual permanece sobrepassada a categoria de simples dado e a transcendência reveste o aspecto do amor" (Du Refus...). No amor não se olha o outro como um simples objeto a respeito do qual se emitem juízos: encaramo-lo como um "Tu" livre. O amor puro inclui disponibilidade, fidelidade e esperança. Nele se desenvolve, entre o "Eu" e o "Tu", uma "coexistência", um "encontro" espiritual íntimo, um sentimento de unidade... Nas relações com o outro, a fidelidade desempenha importante papel. Procuraremos, brevemente, esclarecer o que Marcel entende por fidelidade.[42] Fidelidade é o "reconhecimento ativo de algo permanente", é a "presença eternizada ativamente", a "renovação do benefício da presença". Mediante a fidelidade, segundo Marcel, "multiplica-se e aprofunda-se, de um modo maravilhoso, o eco da existência no seio de nossa duração". Marcel

---

[41] KLIMKE-COLOMER, p. 845.
[42] LENZ, p. 229ss.

distingue uma tríplice fidelidade: a fidelidade para consigo mesmo (obrigação), a fidelidade para com o outro (presença), a fidelidade para com Deus (fé). A fidelidade cimenta a unidade do *Eu* com o *Tu*, dando a este sua existência como pessoa. O pensar em um ser finito produz comunidade com o mesmo: um *ser com*. Esta coexistência implica negação de ausência e morte. É principalmente em face de um morto querido que a fidelidade se manifesta como criadora: faz com que o morto não seja apenas uma simples recordação, mas uma existência, uma realidade infinitamente mais misteriosa que uma simples existência subjetiva. Pela fidelidade recusamos, pois, admitir a morte como o fim de tudo: amar um ser equivale a dizer "não morrerás".

4. *Deus* – O homem que vive na esfera do *Problema* e do *Ter* só possui opiniões mutáveis. Aquele, porém, que alcançou a região do *Mistério* e do *Ser* conseguiu obter a firmeza inabalável da fé. "Toda fé autêntica está enraizada no *Ser* e no *Mistério*."[43]

O indivíduo se realiza enquanto indivíduo à medida que afirma a transcendência de Deus e sua própria condição de criatura de Deus. A fé se converte, pois, no ato ontológico mais importante e mais criador.[44] A fé impli-

---
[43] KLIMKE-COLOMER, p. 844.
[44] LENZ, p. 233.

ca testemunho contínuo. Pelo testemunho, prendo-me a mim mesmo com toda a liberdade. Não há *problema de Deus* (expressão rejeitada por Marcel como sacrílega): o que implicaria tratar-se de Deus como *ausente,* como puro objeto. Não falamos de Deus, mas com Ele. A união com Deus é a santidade. Deus é presença absoluta: "Deus só me pode ser dado como presença absoluta na adoração; todo o conceito que formo dele é só uma expressão abstrata, uma intelectualização desta presença".[45] "O Deus de Marcel não é nem um objeto suscetível de demonstração objetiva (racionalismo) nem uma mera função (subjetivismo), mas 'o Indemonstrável Absoluto' (*l'Invérifiable Absolu*)".[46]

5. *A vida, a morte e a esperança* – Encontramos em Marcel o negativismo diante da vida, próprio dos demais existencialistas. Ser homem é ser prisioneiro do corpo, envolto na noite do princípio ao fim. A angústia, a morte, o suicídio, a traição e o desespero são assuntos predominantes em certos escritos de Marcel. Tais situações-limites não devem tornar-nos pessimistas (permanecendo estacionários nas mesmas) nem otimistas (postergando-as simplesmente), pois "elas representam justamente o ponto em que o pensamento penetra em um 'De profundis', abre-se

---

[45] MARCEL, *Être et Avoir.* Consultar LENZ, p. 235.
[46] LENZ, p. 235.

à transcendência autêntica e se eleva desde a indiferença negativa até a invocação do *Tu absoluto*".[47]

A morte não é um mero abismo nem um convite permanente para o desespero: é um trampolim de esperança absoluta: acaba a existência corporal, começa a libertação da verdadeira pessoa. Por isso, o pensamento da morte é salutar. À filosofia do desespero de Sartre, Marcel opõe sua *metafísica da esperança*. A esperança é o ato mediante o qual superamos e vencemos a tentação do desespero. Não confundamos otimismo com esperança: aquele reside na firme convicção de que as coisas se estruturam e se enquadram em uma ordem, esta se fundamenta na experiência interna e vivida, na fé. A esperança consiste em uma atividade que supera o plano empírico ao encontrar no mesmo todos os caminhos da ação bloqueados, passando para o plano superior da salvação. É a "arma dos inermes".

6. *Autonomia e liberdade* – Marcel distingue entre autonomia e liberdade. Aquela faz parte do mundo do *Ter*, do *Problema*, dos *objetos* e é expressa pela fórmula *eu e só eu regulo meus assuntos*.

O isolamento do sujeito em uma esfera de ação limitada acompanha a autonomia. Esta vai cedendo lugar à medida em que aparece e se afirma *minha totalidade*. A

---

[47] MARCEL, *Homo viator*. Consultar LENZ, p. 236.

religião, a arte e a metafísica colocam o homem na presença do *Mistério.* Estamos, então, na região do *Ser.* Quanto mais eu sou, menos me afirmo autônomo. Nesta *não-autonomia* consiste a liberdade. A liberdade não é um atributo que possuo como uma coisa; na realidade não sou livre, mas liberto-me

> quando, guiado por um princípio interior, confronto minha conduta com minha vocação divina, para ver se, efetivamente, é minha e livre, imprimindo, assim, à minha conduta, à minha existência concreta uma orientação estável e unitária, pela qual me constituo em pessoa. Minha determinação individual não é objeto de minha eleição, mas é o princípio interno regulador de minha eleição, uma luz interior que me guia e dá à minha vida concreta uma direção constante.[48]

Ato livre, para Marcel, é aquele em que me reconheço a mim mesmo e me expresso autenticamente diante de meus próprios olhos.

Conclusões

Após essa tentativa de exposição de algumas das principais ideias de Gabriel Marcel, vamos alinhar algumas conclusões.

---
[48] LENZ, p. 248.

1. *Marcel e os demais filósofos existencialistas* – Estabeleçamos, meramente a título de exemplo, breve comparação entre alguns pontos do pensamento de Marcel e as ideias de outros filósofos existencialistas.

Já salientamos a oposição entre a orientação do pensamento de Sartre e a orientação do pensamento de Marcel. Poderíamos ilustrar tal oposição com o conceito que ambos os pensadores fazem do "outro". "Enquanto Sartre diz que o olhar do outro nos rouba qualquer coisa, para Gabriel Marcel há olhares que nos revelam a nós mesmos, que nos revelam também o outro e que nos revelam o mundo."[49]

Entre Kierkegaard e Marcel há, sob diversos aspectos (por exemplo, no que diz respeito ao conceito de amor), bastante afinidade, mas no segundo notamos, ao menos, uma aspiração à unidade sistemática de seu pensamento.

A filosofia de Marcel encontra semelhança com a de Jaspers na sutil análise que ambos fazem sobre a situação espiritual do homem e na importância que ambos dão *ao problema da comunicação* com o próximo. Jaspers e Marcel empenham-se em "unir existência e transcendência, embora a *transcendência* permaneça, as mais das vezes, na sombra".[50] Mas a filosofia de Marcel difere da de Jaspers, pois enquanto esta leva a um fracasso trágico, aquela nos transporta a um mistério ontológico que pode ser considerado antessala da fé cristã.

---

[49] WAHL, p. 121.
[50] LENZ, p. 206.

Marcel, como Jaspers e Heidegger, julga poder descobrir a estrutura geral do ser com base em uma descrição de *uma existência individual e concreta*.[51] Podemos estabelecer uma comparação entre "l'on" impessoal de Marcel e o dos demais existencialistas:

> Si el "uno" era em Heidegger la existencia de la cotidianidad, en Sartre la pluralidad númera e inconexa de las miradas, es en Marcel (igual que la conciencia en general, de Jaspers) el pensamiento general, el hombre de la técnica del conocimiento, que avanza de resultado en resultado, el sujeto de la teoría del conocimiento, que acaba en la glorificación de la técnica y "del que sea" (n'importe qui). Tal "democratización" del conocimiento constituye, en el fondo, su ruma (EA 182).
>
> Es evidente que el "uno" es una ficción que se toma como realidad (EA 184).[52]

2. *Marcel e o teatro* – Digamos duas palavras a respeito de Marcel dramaturgo. Encontramos nos personagens de seus dramas a concretização das ideias mestras de seu pensamento filosófico: o *Mistério*, o *Ser,* o *Ter,* a *Fidelidade,* a *Liberdade* etc. Poderíamos dizer que a obra dramática de Marcel constitui um chamado para a vida autêntica em nome da esperança.

---

[51] Idem, p. 208.
[52] Idem, p. 215. A sigla EA significa *Être et Avoir.*

Também Marcel, nos dramas do primeiro período, que foram chamados "nocturnos", gosta de acentuar todos os motivos da trágica incoerência da ordem terrestre, a fim de fazer emergir do desespero a oração, e da irreparável ruína de todas as possibilidades humanas a esperança.[53]

3. *Marcel e Deus* – Marcel escreveu que "desde que se fala de Deus, não é mais de Deus que se fala" (Dès qu'on parlee de Dieu, ce n'est plus de Dieu qu'on parle).[54] Tal fórmula resume, talvez, todo o subjetivismo com que Marcel encara o problema de Deus. Julgamos oportuno citar, a propósito, a seguinte observação de Sciacca:[55] "Marcel se vê obrigado a dizer com Barth que a teodiceia, como tal, é sacrílega e ateia; que Deus não tem uma essência, mas que é pura existência; que não existem provas racionais da existência de Deus etc. Não vou recordar a Marcel que todas essas afirmações estão condenadas pela Igreja (não sou censor eclesiástico), porém não posso deixar de ficar perplexo diante da possibilidade de harmonizá-las com a ortodoxia católica". Não queremos discutir a sinceridade da fé em Deus e da mentalidade cristã de Marcel, mas a propositada ignorância das provas objetivas e universal-

---

[53] STEFANINI, p. 94.
[54] WAHL, p. 123.
[55] SCIACCA, p. 329.

mente válidas da existência de Deus desperta-nos sérias restrições quanto ao rumo que tais ideias poderão tomar e quanto aos efeitos que poderão ter em espíritos menos preparados sob o ponto de vista filosófico e teológico.

Conclusão

Vamos encerrar este estudo sobre o pensamento de Gabriel Marcel com a apreciação da *Historia de la Filosofía* de Klimke-Colomer:

La grandeza y al mismo tiempo la universalidad del pensamiento marceliano estriba en que ha repetido en sí mismo y revelado al hombre de hoy la experiencia fundamental del ser humano. El drama de nuestra existencia es el drama de un encuentro personal entre un Tú y un yo, un drama cuya terrible grandeza sube de punto, por el hecho de que el Tú por su Trascendencia envuelve al yo y le sobrepasa. En este drama singular el hombre se lo juega todo entre sí y un no, entre la fidelidad y la infidelidad, el amor y el odio. Pues, para decirlo en una frase que compendia toda la experiencia marceliana, "el hombre es un ser al que ha sido dado el poder único de afirmarse o negarse, según que afirme el Ser y se le abra, o lo niegue y, con ello, se cierra en sí mismo: he ahí el dilema que persiste siempre como la esencia de su libertad".[56]

---

[56] KLIMKE-COLOMER, p. 846.

Referências Bibliográficas

BOCHENSKI, J. M., *La Filosofia Actual*. Tradução de Eugenio Imaz. Fondo de Cultura Económica, México-Buenos Aires.

FERRATER MORA, José, *Diccionario de Filosofia*. Editorial Sudamericana, Buenos Aires, 1958, 4ª edição.

FOUIQUIÉ, Paul, *L'Existentialisme*. Presses Universitaires de France: Que sais-je?, Paris, 1961, 11ª edição.

HEINEMANN, Fritz, *Esta viva o muerta la Filosofia Existencial?* Tradução do alemão por Fernando Vela. Revista de Occidente, Madrid.

JOLIVET, Régis, *Las Doctrinas Existencialistas desde Kierkegaard a J. P. Sartre*. Versão espanhola de Arsenio Fados. Editorial Gredos, Madrid, 2ª edição ampliada.

KLIMKE-COLOMER, *Historia de la Filosofia*. Editorial Labor, S. A., 1961, 3ª edição ampliada.

LENZ, Joseph, *El moderno Existencialismo alemán y francés*. Tradução espanhola de José Peres Riesco. Editorial Gredos, Madrid.

SCIACCA, M. F., *La Filosofia Hoy*. Tradução por Claudio Matóns Rossi y Juan José Ruiz Cuevas. Luis Miracle Editor, Barcelona.

STEFANINI, Luigi, *O Existencialismo*. Capítulo da obra "Heresias do nosso tempo", elaborada com a colaboração de diversos autores. Livraria Tavares Martins, Porto, 1956.

WAHL, Jean, *Les Philosophies de l'Existence*. Librairie Armand Cohn, Paris, 1954.

7

CONCLUSÕES SOBRE O EXISTENCIALISMO

Preliminares

No primeiro capítulo desta série, intitulado *"Breve Introdução ao Existencialismo"*, procuramos dar ao leitor uma ligeira ideia da origem e do desenvolvimento do Existencialismo, das dificuldades que seu estudo oferece, de alguns temas comuns aos mais conhecidos filósofos da Existência, salientando as principais razões do prestígio dessa corrente filosófica no Mundo Contemporâneo e resumindo o ponto de vista da Igreja contido na "Humani Generis". Nos demais antigos, estudamos, sucessivamente, o pensamento de alguns dos mais representativos vultos do Existencialismo: *Kierkegaard, Jaspers, Heidegger, Sartre* e, finalmente, *Marcel*. O leitor que nos honrou com sua paciência, acompanhando os citados capítulos, terá observado que procuramos apoiar nossas observações em diversos e abalizados autores, alguns dos quais, como, por exemplo, Wahl e Jolivet, conhecidas autoridades em Existencialismo. Muitas vezes preferimos mesmo limitar-nos a transcrever a opinião e os comentários de ditos autores. Com efeito, tal precaução é indispensável num estudo das ideias dos pensadores da Existência, pois os mesmos não primam, muitas vezes, pela lógica e pela clareza de exposição. Pretendemos, agora, encerrar nosso estudo com algumas conclusões que, parece-nos, podemos extrair dos ensinamentos dos pensadores focalizados. Exporemos, em primeiro lugar, o que, talvez, possamos chamar de lado positivo do Existencialismo, isto é, o que, a nosso ver, existe de louvável e de aproveitável nessa corrente filosófica. A seguir, vamos acentuar o que nos parece condenável e prejudicial, isto é, o lado negativo. Finalmente, abordaremos, de modo sucinto, o Existencialismo considerado especialmente do ponto de vista cristão.

1. O LADO POSITIVO DO EXISTENCIALISMO

a) *Valorização da existência humana* – Talvez o mérito principal do Existencialismo esteja no fato de haver chamado a atenção para a *existência humana* como algo bem distinto de tudo o mais que existe no mundo, levando-nos a considerar os problemas reais que afligem o homem no seu labutar cotidiano, revalorizando, em oposição ao materialismo cientificista, a realidade do subjetivo, reduzindo o existente ao sentimento de sua incomensurabilidade, devolvendo-lhe o sentido da inalienável responsabilidade que deve assumir no risco do compromisso pessoal.[1]

---

[1] JOLIVET, p. 410.

Para conseguir ese propósito despierta de una manera viva y penetrante en el hombre moderno la conciencia de su finitud y de su contingencia, de su caducidad, y de su estado de yecto, de su abatimiento en la cotidianidad y en el "uno", de su soledad a pesar de vivir en sociedad, de su desgarramiento e indigencia; le recuerda de modo apremiante la muerte, tan cuidadosamente silenciada por la moderna filosofía; abre ante él la sima de la nada; intensifica su desesperación hasta el extremo, para mostranle después un ideal, un sentido y la salvación en el aferramiento a todas las posibilidades de su vida individual, en su mismidad, en una existencia de autenticidad y de compromiso heroico, en una palabra, en la existencia; para dirigir un flamamiento a su instinto de conservación espiritual, a su sentimiento de libertad adormecido, a su hambre de valores y para, finalmente, exhortarle a la confianza en si mismo y a la autorresponsabilidad.[2]

b) *Nem tudo é abstração e raciocínio* – Contra o Idealismo, o Racionalismo e o Positivismo, o Existencialismo representa, até um certo ponto, uma sadia reação demonstrando que nem tudo é abstração e razão, que a vivência, a experiência, a intuição e até mesmo o irracional têm também seu lugar no ser humano.

La conquista de la objetividad ha dominado todo el siglo XIX y ha sido propuesta como la Única forma posible y válida del conocimiento. Es sabido el pres-

---

[2] LENZ, p. 259.

tigio de que ha gozado ese "ciencismo" o ese "materialismo" y cómo ha determinado una multitud de intentos para tratar, según el método de as ciencias de la naturaleza, todos los problemas de la vida y de la moralidad, de la psicologia y de la sociologia. El sociologismo durkheimiano, el behaviorismo, que con tanta fuerza reivindican el privilegio de la "positividad", son testigos de esta tendencia al negar el sujeto en provecho del objeto; la conciencia en provecho del comportamiento; la vida, en nombre del mecanicismo; la individualidad, en provecho de lo colectivo. El hombre, así entendido, ya no era más que una cosa entre las cosas y todos los problemas humanos se reducían a cuestiones estadísticas o a experiencias de laboratorio. Contra esta reducción de lo humano a la objetividad de la cosa o del teorema, el existencialismo reivindica los derechos de la subjetividad y el valor absoluto e irreducible del sujeto y del existente.[3]

Ao homem, mais que a generalização abstrata, interessa, muitas vezes, a existência concreta com suas emoções íntimas, com seus recônditos imperscrutáveis.

c) *A experiência do outro* – Embora divergentes entre si quanto à concepção do outro, não podemos negar que os pensadores existencialistas tenham trazido importante contribuição em um assunto "tão olvidado pelas filosofias clássicas e tão desconhecido pelas teorias sociológicas

---

[3] JOLIVET, p. 409.

contemporâneas, para as quais o indivíduo se reduz a um objeto em um mundo de objetos".⁴ As análises existenciais do outro têm o mérito de "atrair a atenção para o domínio tão rico das relações interpessoais e de provocar, por sua própria insuficiência, uma investigação mais avançada por caminhos muito descuidados até agora".⁵

d) *A responsabilidade pelo próprio destino* – Não há dúvida de que a chamada feita pelos existencialistas ao homem para que realize suas possibilidades, para que assuma decididamente seu destino, e o papel importante, diríamos mesmo central, que os existencialistas atribuem à liberdade humana constituem, à primeira vista, algo atraente e, ao menos aparentemente, bastante positivo do Existencialista.

2. O LADO NEGATIVO

a) *A supressão da essência* – Focalizando a existência do ser humano, o Existencialismo, num exagero racionalmente injustificável, suprime-lhe a essência. Inegavelmente todo ser humano (como também as coisas e os animais) é algo concreto. Cada indivíduo da espécie humana possui, evidentemente, um complexo de predicados, um conjunto de características, um modo próprio de ser que o

---

⁴ Idem, p. 411.
⁵ Idem, p. 412.

diferencia dos seus semelhantes. Entretanto, todos os homens possuem *algo fundamental em comum* que constitui sua essência (*quidditas*), a essência do *ser humano*. Assim é que todo ser humano possui uma *animalidade* e uma *racionalidade,* e a definição clássica "*animal racional*" expressa bem a *essência do ser humano,* isto é, algo fundamental comum a todos os homens de todos os lugares e de todas as épocas.

Essência é, pois, em seu sentido estrito, "aquilo pelo qual uma coisa é o que ela é e difere de qualquer outra". A existência atualiza a essência: é propriamente o *ato de ser.*

b) *O exagero para o irracionalismo* – Estabelecendo um abismo entre o conhecimento racional e a *vida concreta,* o existencialismo chegou, às vezes, ao extremo de um *irracionalismo insustentável.* Este irracionalismo, por exemplo, em Sartre, é acompanhado de um profundo pessimismo.

> É em vão que procuramos tornar compreensível esse mundo irracional. É sempre o absurdo que leva vantagem. E, no entanto, é preciso resistir, é preciso aceitar, é preciso fazer da angústia e do desespero o próprio tecido de nossa humanidade, já que estamos condenados ao tempo. Limitamo-nos a expor não só esta mas algumas das outras teses, deixando para depois a sua refutação. É inútil acentuar o sentido profundamente anti-humano e anticristão de todo esse pessimismo.[6]

---

[6] AMOROSO, p. 116.

Ainda o mesmo autor observa magnificamente:

A acentuação contínua do contraste entre o pensamento e o mundo de Heidegger, entre o *En-Soi* e o *Pour-Soi* de Sartre e em geral o destaque que em todos os pensadores existencialistas se observa das contradições, dos paradoxos e dos absurdos, é o sinal entre muitos de que o existencialismo se coloca entre as filosofias que modernamente fazem apelo às potências sub-racionais e desprezam a racionalidade e a inteligência. É certo que essa tendência representa uma reação benéfica contra o racionalismo. Mas aqui como em outros pontos um erro não justifica outro. O irracionalismo é tão falso como o racionalismo. As potências obscuras do pensamento não são o homem e por isso não podem levar ao conhecimento dos predicados do Ente. O homem é precisamente tanto mais homem quanto menos se faça sentir a ação dessas forças sombrias que representam nele o que ele tem de comum com os seres a ele inferiores. O irracionalismo é uma sistematização ilegítima. A cristalização de algo de fluido e inconsistente, que só pode valer enquanto fiel à sua natureza. Nesse ponto é que o existencialismo se mostra muito mais na linha da tradição sofística que da tradição socrática.[7]

c) *Desvirtuamento das relações com o outro* – O Existencialismo está repleto de contrastes. Assim, por exemplo, não só procura valorizar ao máximo a existên-

---

[7] Idem, p. 130.

cia individual, concreta, os *meus* problemas, a *minha* autenticidade, mas chega também ao extremo de exagerar a significação da comunidade quando afirma que

> el hombre se hace hombre y alcanza su carácter de persona sólo en el ser con (Heidegger), o en la comunicación (Jaspers), o mediante el amor y la fidelidad (Marcel), o incluso mediante la lucha (Sartre). Tan es así que Hommes puede señalar un "carácter esencialmente socialista" en toda la filosofía existencialista. La verdad es que el hombre es ya originalmente persona y miembro de la comunidad.[8]

d) *Falta de motivação para a vida* – Já vimos a importância que o Existencialismo empresta à liberdade humana e ao uso da mesma na realização de suas possibilidades. Infelizmente, como o Existencialismo despreza inteiramente os valores objetivos universalmente válidos que conferem à vida humana uma finalidade, um valor, um sentido, a liberdade – criadora dos valores – pode degenerar em desenfreada libertinagem. Na realidade, o Existencialismo não oferece *motivação* suficiente para que o homem leve uma existência de autenticidade.

> Pedir la aceptación heroica de una existencia absurda, exigir el compromiso supremo para una nada, es pedir demasiado. El ser y la vida reales, con toda

---

[8] LENZ, p. 280.

su plenitud, anchura, profundidad, altura y extensión, quedan en el existencialismo empobrecidos, achatados, reducidos y mutilados al extremo de hecho momentáneo. Un punto, una chispa que se enciende sin razón, que brilla un instante sobre un fondo sombrío y gira con movimiento absurdo para desaparecer como fuego fatuo, eso sería el hombre del moderno existencialismo.[9]

3. EXISTENCIALISMO E CRISTIANISMO

1. *O Existencialismo em face da Filosofia Cristã*

a) *Existe uma Filosofia Cristã?* – Esclareçamos, sucintamente, a expressão "Filosofia Cristã". Muito já se escreveu e se debateu em torno da existência ou não de uma Filosofia Cristã. Julgamos que não há como recusar a realidade dessa existência. Com efeito, como muito bem demonstrou Gilson em famoso debate no ano de 1931,

a Filosofia Cristã é não somente possível mas real; não se realizou unicamente na filosofia de Santo Tomás, mas também na de Santo Agostinho e São Boaventura ou de Duns Scot. Suas formas são múltiplas e seria arbitrário reduzi-las à unidade. O que une os filósofos cristãos é a fé: coloca-os intrinsecamente numa situação diversa da dos incrédulos, pois sua razão sabe aquilo de que procura fazer a demonstra-

---

[9] Idem, p. 281.

ção; e, segundo a expressão empregada por Leão XIII numa de suas encíclicas, ela tem um "astro amigo" para guiá-la.[10]

Assim, pois, o filósofo cristão, orientado pela fé, sabe de antemão as conclusões a que deve chegar ao termo de seu processo de investigação racional e quando a mesma fé serve para iluminá-lo sobre os princípios e os métodos mais apropriados para chegar a essas conclusões. Não obstante, este influxo da fé sobre a razão deve ser extrínseco e orientador, porém sem determiná-la intrinsecamente até o ponto de pôr em perigo sua autonomia.[11]

Observe-se que a influência das verdades da fé é extrínseca à filosofia, isto é, não afeta em nada o *objeto formal, a ratio sub qua* da filosofia. Assim, por exemplo, o conceito de criação propriamente dita (*productio rei ex nihilo sui et subiecti*) era desconhecido da Antiguidade pagã e só penetrou na Filosofia (é um dos conceitos básicos da cosmogonia tomista) através da Revelação. Mas os filósofos cristãos provam a existência da criação de todas as coisas por Deus, usando argumentos que se situam rigorosamente dentro do plano racional (por exemplo: mostrando a incompatibilidade entre a *emanação* das coisas e a *simplicidade divina*).

---

[10] NÉDONCELLE, p. 74.
[11] FRAILE, p. 42.

b) *O Existencialismo em face da Filosofia Cristã* – Gilson denuncia com razão a ilusão dos que acham que um filósofo pode pensar independentemente de suas convicções religiosas[12], e a encíclica *Humani Generis* admoesta aqueles que desprezam a *Philosophia Perennis* e exaltam outras do Oriente ou do Ocidente, antigas ou recentes,

de tal maneira que parecem insinuar nos espíritos que qualquer filosofia ou maneira de pensar, às quais, se for necessário, se acrescentem correções ou complementações, possam conciliar-se com o dogma católico; ora, isto é completamente falso, principalmente quando se trata daquelas teorias que se chamam ou "Imanentismo", ou "Idealismo" ou "Materialismo", quer histórico, quer dialético, ou ainda "Existencialismo", quer professe o ateísmo, quer se oponha, pelo menos, ao valor do raciocínio metafísico; nenhum católico pode ter dúvida a esse respeito.

Não vemos, pois, como alguém, sendo cristão, possa adotar e defender princípios filosóficos dos quais racionalmente poderíamos inferir conclusões frontalmente contrárias à fé cristã. É o que acontece com o Existencialista quando, por exemplo, nega o valor real e objetivo do conhecimento humano, quando recusa conhecer as leis metafísicas fundamentais (como, por exemplo, os princípios da razão suficiente, da causalidade, da contradição etc.).

---

[12] NÉDONCELLE, p. 74.

2. O Existencialismo em face da Teologia Cristã

a) *O ato de fé e o argumento racional* – O ato de fé não necessita, evidentemente, de uma argumentação racional. Qualquer cristão pode ter uma fé viva em toda a verdade revelada por Deus sem que tenha a menor preocupação de fundamentá-la por meio de provas extraídas quer da própria razão, quer das fontes da revelação (as Escrituras e a Tradição). O motivo intrínseco do ato de fé é a autoridade de Deus infinitamente sábio e veraz.

Ignace Lepp,[13] em sua obra "Itinerário de Marx a Cristo", narra-nos que em sua conversão influíram, mais que os argumentos intelectuais, as razões do coração:

> É profunda verdade que o intelectual, mais dificilmente que os outros, se deixa convencer por argumentos racionais. Eu conhecia demasiadas teorias e sistemas. Às ideias cristãs eu teria oposto ou confrontado outras, em aparência tão coerentes como aquelas. A primeira coisa a conseguir era a conversão do coração. As teorias viriam depois, naturalmente, para confirmar as razões do coração com as do intelecto.

Vejamos outra página bastante significativa do mesmo autor:

> Meu catequista se mostrava surpreso com a quase inexistência de dificuldades intelectuais de minha parte. Os milagres do Evangelho que, ao primeiro contacto,

---

[13] LEPP, p. 306.

Conclusões sobre o Existencialismo 217

me haviam incomodado, não suscitavam já nenhuma objeção séria. O mesmo acontecia com o que me fora ensinado sobre a Encarnação, o nascimento virginal de Cristo, a Redenção, a Trindade, etc. Parece-me, depois de reflexão, que acontecia tal coisa porque eu não dava, então, muita importância a esses aspectos. Havia-me encaminhado para o cristianismo com a esperança de encontrar nele o segredo de uma existência intensa e autêntica. A leitura dos Evangelhos e das vidas dos santos me haviam revelado a extraordinária beleza de uma existência verdadeiramente conforme aos ensinamentos e aos exemplos de Cristo. Se homens superiores como Francisco de Assis, Inácio de Loyola, Francisco Xavier, Charles de Foucaul... (sem falar dos apóstolos e dos discípulos de Cristo) acreditaram na divindade do Mestre, em sua ressurreição, na Trindade, em todos os demais dogmas, que poderia eu ter para objetar? *Não andava à cata de novas teorias, procurava, isso sim, razões para viver.* Ora, essas eu as descobria na existência dos discípulos de Cristo e *teria achado bastante pueril discutir cada ponto de sua fé.* Aceitei, portanto, englobadamente tudo o que fazia parte da fonte de sua inspiração e de sua maravilhosa ação. Com isto não quero, de forma alguma, afirmar que a doutrina cristã me parecia sem interesse. Bem ao contrário, estudei-a apaixonadamente. Mas não via nela mais do que um esclarecimento, uma explicação daquilo que eu já cria (Grifo nosso).[14]

A Imitação de Cristo, tratando dos ensinamentos da verdade, apresenta-nos estes sugestivos pensamentos:

---

[14] Idem, p. 310.

Bem-aventurado aquele a quem a Verdade por si mesma ensina, não por figuras e vozes que passam, mas como em si é. Nossa opinião e nossos juízos muitas vezes nos enganam e pouco alcançam. De que serve a sutil especulação sobre questões misteriosas e obscuras, de cuja ignorância não seremos julgados? Grande loucura é descurarmos as coisas úteis e necessárias, entregando-nos, com avidez, às curiosas e nocivas. Temos olhos para não ver (Sl 113,13). Que se nos dá dos Gêneros e das Espécies dos filósofos? Aquele, a quem fala o Verbo Eterno, se desembaraça de muitas questões. Desse Verbo Único procedem todas as coisas e todas o proclamam, e esse é o princípio que também nos fala (Jo 8,25). Sem Ele, não há entendimento nem reto juízo. Quem acha tudo neste Único, e tudo a Ele refere e n'Ele tudo vê poderá ter o coração firme e permanecer em paz com Deus. "Deus de verdade, fazei-me um convosco na eterna caridade! Enfastia-me, muita vez, ler e ouvir tantas coisas; pois em Vós acho tudo quanto quero e desejo. Calem-se todos os doutores, emudeçam todas as criaturas em vossa presença; falai-me Vós só (*Imitação de Cristo*, cap. III, Livro I).

Não podemos deixar de admirar essas sublimes linhas da Imitação, uma vez que as mesmas sejam devidamente compreendidas. Não há a menor dúvida de que os píncaros da santidade possam ser atingidos sem as sutilezas da metafísica.

b) *A doutrina e a moral reveladas possuem valor objetivo e universalmente válido* – Se a fé no indivíduo pode desabrochar em todo o seu esplendor sem o recurso ao raciocínio, sem a prova, sem a argumentação, nem por isso as verdades que são objetos da fé deixam de possuir um valor objetivo e universalmente válido. Tais verdades podem, portanto, ser comprovadas por uma série de argumentos de ordem filosófica ou teológica. Por estranho que possa parecer aos que desconhecem a História da Igreja e, de modo especial, a História do Dogma, a Igreja sempre procurou defender intransigentemente o valor da razão humana, esforçando-se em demonstrar que, se o dogma muitas vezes se situa numa esfera fora do alcance da razão, não entra, jamais, em contradição com esta.

O Cristianismo propõe uma doutrina sobre a natureza de Deus e do Homem, sobre a origem do mundo e da humanidade, sobre a divina providência, as relações entre o homem e Deus, o destino da pessoa humana, etc. Em todos os tempos os cristãos refletiram sobre esse conteúdo da fé, para defini-lo exatamente, organizá-lo e justificá-lo. Tal esforço de reflexão, que responde certamente a uma tendência natural do espírito, sempre pareceu indispensável ao pleno desenvolvimento da religião cristã e a sua defesa contra os inimigos do interior e do exterior, contra a heresia a descrença. Desde o segundo século, S. Justino Mártir, Minúcio Felix, Tertuliano, Arnóbio e vários outros "apologetas" se deram a tarefa de fornecer, principalmente em vista dos infiéis, uma justificação racional da atitude dos cristãos.[15]

---

[15] RAEYMAEKER, p. 85

Ainda o mesmo autor observa que o "ideal de uma teologia de aspecto científico e especulativo conservou-se desde então na Igreja e não cessou de impor-se aos mais eminentes espíritos".[16] Convém lembrar aqui as insofismáveis declarações do Concílio Vaticano I: "Sancta mater Ecclesia tenet et docet Deum, rerum omnium principium et finem, naturali humanae rationis lumine e rebus creatis certo cognosci posse" (A Santa Madre Igreja sustenta e ensina que Deus, princípio e fim de todas as coisas, pode ser conhecido com certeza pela luz natural da razão humana através das coisas criadas) (Vat. s. 3, cap. 2).

CONCLUSÃO

Quem conhece o cuidado com que a Igreja procura formar seus sacerdotes dentro de uma séria preparação filosófica e teológica (porque o sacerdote, mais do que ninguém, deve saber apresentar as razões da doutrina que prega) não terá dificuldades em compreender a advertência do magistério eclesiástico sobre o Existencialismo em geral.

O dogma e a moral cristãos não podem, evidentemente, permanecer ao sabor de um subjetivismo que, levado da teoria à prática, acarretaria inapelavelmente a destruição de toda a ordem intelectual e moral.

---

[16] Idem, p. 86

O verdadeiro cristão

se cree llamado a una vida ulterior eterna y bienaventurada en Dios, una vida que debe preparar durante su existencia terrena mediante la realización del orden que le es dado e impuesto, mediante el cumplimiento de su ley de vida, mediante el desarrollo y coronamiento de su esencial perfección personal. Así no se siente ya como individuo aislado en angustia y cura ante la nada, tembloroso ante un futuro incierto y ante la muerte; no le atemoriza el pensamiento de perder en la muerte su cuerpo, sino que su *cura* mayor consiste en perder por el *pecado* su vida espiritual, su *más noble mismidad*, y a Dios; conservar ésto, constituye su cura permanente, que le exhorta a ver de merecer con su humildad la ayuda del Espíritu divino. Y *espera* con la ayuda de Dios, salvador de todos los hombres, superar la muerte y el pecado, y a través de la finitud del tiempo, ganar la infinitud de la eternidad y mediante el sacrificio y el compromiso de su existencia terrena, conquistar la existencia ultraterrena.[17]

---

[17] LENZ, p. 312.

REFERÊNCIAS BIBLIOGRÁFICAS

AMOROSO LIMA, Alceu, *O Existencialislno*. Agir, Rio, 1951.

FRAILE, Guillermo, O. P., *Historia de la Filosofia*. II vol. Biblioteca de Autores Cristianos, Madrid, 1960.

JOLIVET, Régis, *Las doctrinas existencialistas*. Versão espanhola. Editorial Gredos, Madrid.

LENZ, Joseph, *El moderno Existencialismo alemán y francés*. Tradução espanhola de José Peres Riesco. Editorial Gredos, Madrid.

NÉDONCELLE, Maurice, *Existe uma Filosofia Cristã?* Tradução de Alice de Brito Pereira. Flamboyant, S. Paulo, 1958.

LEPP, Ignace, *Itinerário de Marx a Cristo*. Tradução de Eduardo Bastos. Agir, Rio, 1958.

RAEYMAEKER, Luis de, *Introdução à Filosofia*. Tradução de Alexandre Correia. Editora Herder de São Paulo.

Impressão e acabamento
GRÁFICA E EDITORA SANTUÁRIO
Em Sistema CTcP
Rua Pe. Claro Monteiro, 342
Fone 012 3104-2000 / Fax 012 3104-2036
12570-000 Aparecida-SP